Seite der Schriftleitung 2

Biblische Perspektiven: 16 Tage gegen Gewalt an Frauen
(Claudia Hoffmann) 4

Bertram Schmitz: Religiös konnotiertes Essen als Partizipation, Integration
und Separation 9

Gudrun Löwner: Heiliges Essen im Sikhismus – Gastfreundschaft über
Grenzen hinweg 33

Daniel Jeyaraj: How, what and with whom should Christians in India eat?
A mission-historical study 52

Richard S. Harvey: Food and the Search for Identity in Messianic Judaism 65

Renate Syed: »Ein wahrer Hindu isst nichts, das Augen hat« –
Die Bedeutung der Nahrung für die Hindu-Identität im Altertum und
im heutigen Hindunationalismus 87

Dagmar Doko Waskönig: Essen und Gerechtigkeit im Buddhismus 105

Berichte und Dokumentationen:
Dietrich Bonhoeffer in einer globalen Zeit: Christlicher Glaube, Zeugnis,
Dienst – Bericht über den XII. Internationalen Bonhoeffer Kongress
vom 6. bis 10. Juli 2016 in Basel *(Christine Schliesser)* 111

Rezensionen 116

Liste eingesandter Bücher 128

Informationen & Termine 130

Liebe Leserinnen und Leser,

Essen und der Verzicht auf Essen sind ein wichtiger Bestandteil vieler religiöser Traditionen. Es bietet sich an, dass Essen, diese grundlegende Tätigkeit aller lebenden Wesen, mehr als nur eine notwendige säkulare Maßnahme um des physischen Fortbestehens willen sein kann. Essen ist das, womit der Körper etwas zu sich nimmt im doppelten Sinne: Das Verzehrte wird Teil des Menschen, es prägt ihn, gestaltet und verändert ihn. Es trägt zu seiner weiteren Entwicklung bei oder behindert diese. Im soziokulturellen Sinne entstand daraus der Spruch »Der Mensch ist, was er isst« von Paracelsus, es ließe sich ergänzen: Der Mensch denkt, fühlt und handelt nach dem, was er isst. Mohandas K. Gandhi ließ sich entgegen den vegetarischen Regeln seines vom Jainismus beeinflussten Elternhauses von einem Freund vorübergehend zum Fleischessen überreden, weil dies den Menschen widerstandsfähig und stark mache und die Briten wegen ihres Fleischverzehrs zu einer global agierenden Kolonialmacht geworden seien.

Häufig sind die Traditionen des Essens spirituell durchformt und Teil religiöser Tradition, mindestens werden bestimmte Nahrungsmittel nicht als empfehlenswert betrachtet, so in den halal/haram-Bestimmungen des Islam und den Anweisungen zu koscherer Nahrung im Judentum. Der Sikhismus aus Nordwestindien ist wohl die einzige Religion, die darüber hinaus gar das normale Essen zum festen Teil religiösen Handelns macht bis dahin, dass jeder Gurudwara (Sikh-Gebetsstätte) eine öffentliche Speisung anbietet, das Kar Langar. Dies erläutert Gudrun Löwner in ihrem Aufsatz. Nicht überall ist hingegen der Vegetarismus die im Zweifelsfall vorgezogene Ernährungsform, auch nicht im Buddhismus, wie aus dem Text von Dagmar Doko Waskönig zu erfahren ist. Hingegen kann – im Pendant zum Essen – das Nicht-Essen, Fasten, eine komplementäre spirituelle Bedeutung erlangen: Für Muslime ist dem Fasten im Monat Ramadan, das zu einer spirituellen Reinigung und Besinnung von Sonnenaufgang bis Sonnenuntergang führt, das Fastenbrechen an jedem Abend wichtig, das den Gemeinschafts- und Gerechtigkeitsaspekt zur spirituellen Erfahrungserweiterung und Vertiefung hinzufügt. Die sehr differenzierten Vorstellungen gläubiger Hindus zum Essen werden im Aufsatz von Renate Syed erläutert, und Daniel Jeyaraj ergänzt dieses indische Bild um Aspekte aus der Missionsgeschichte. Der messianisch-jüdische Theologe Richard Harvey führt in die Bestimmungen des Judentums bzw. des messianischen Judentums zum Thema Kaschrut bzw. koschere Nahrung ein. Für das Christentum kann die Thematik auf die Feier des Abendmahls / der Eucharistie fokussiert werden, in der zwar keine Speiseregeln zur Geltung kommen, aber die Aspekte Partizipation, Integration und Separation sich veranschaulichen lassen, die Bertram Schmitz in seiner übergreifenden Einführung zu Leitbegriffen macht. Er führt dort aus, dass Essen als religiösem Essen diese Konnotationen eignen können, jedoch nicht Essen per se religiöse Konnotationen mit sich führt.

Die Aufsätze fußen auf den Vorträgen der Jahrestagung der DGMW zum Thema »Essen im Religionskontakt«, die im Oktober 2016 in Meißen stattfand, und an dieser Stelle sei den dort Vortragenden noch einmal herzlich für ihre Mitwirkung gedankt und dafür, dass sie ihre Texte für die Zeitschrift zur Verfügung gestellt haben.

Der Bericht von Christine Schliesser über den Internationalen Bonhoeffer Kongress in Basel im Juli 2016 schließt kongenial an den Themenblock zu Dietrich Bonhoeffer in Heft 4/2016 an und verdeutlicht einmal mehr auch die Auslands- und Ökumenebezüge dieses großen Theologen.

Nun wünsche ich Ihnen wie immer im Namen der Redaktion aus Basel, Neuendettelsau, Rostock und Hamburg eine gewinnbringende Lektüre des Heftes und grüße Sie herzlich!

Ulrich Dehn

16 Tage gegen Gewalt an Frauen

Claudia Hoffmann

> Komm, erweis uns deine Gnade, Gott,
> erwärme Herz und Sinn.
> Nimm weg, was auf uns lastet.
> Lass uns Wohnung sein
> für deine Freundlichkeit
> und verbinde uns mit deinem Geist.
> Amen

Mitten in der Aktion »16 Tage gegen Gewalt an Frauen« gestaltet die Stabsstelle Frauen und Gender von Mission 21 Ende November 2016 eine Mittagsandacht im Missionshaus in Basel.[1] Mission 21 ist Teil einer Koalition von zehn glaubensbasierten Organisationen, die sich zusammen geschlossen haben, um diese Kampagne gemeinsam zu unterstützen.[2] »16 Tage gegen Gewalt an Frauen« ist eine internationale Aktion, die es seit den frühen 1990er-Jahren gibt. Jährlich beginnt die Aktion am 25. November, dem internationalen Tag gegen Gewalt an Frauen, und endet am 10. Dezember, am Tag der Menschenrechte. Dies verdeutlicht, dass Frauenrechte Menschenrechte sind. Ziel der Kampagne ist es, für Gewalt an Frauen zu sensibilisieren, die sehr vielfältig sein kann. Seit 1991 haben in über 150 Ländern mehr als 4000 Organisationen die internationale Kampagne unterstützt. Die Schweiz fehlte bis 2008...

Gewalt an Frauen beginnt im Kopf. Geschlechterstereotype bestimmen den Umgang mit Frauen. In unserem Kontext, in der Schweiz oder in Deutschland, stehen besonders einengende Vorstellungen über Geschlechterrollen im Vordergrund. Die eigenen Rollenbilder im Kopf sollten dringend überdacht werden.

---

[1] Für weitere Informationen, wie sich Mission 21 im Rahmen dieser Aktion engagierte: Blog des Frauen- und Gendernetzwerkes von Mission 21. In: http://m21-womengender.org/de/ (23.12.2016).
[2] Vgl. Girls with Power and Dignity. 16 Days of Activism Against Gender-Based Violence. In: http://www.genderjustice-interfaith.net/home.html (23.12.2016).

Dies ist ein wichtiger Schritt hin auf eine geschlechtergerechtere Gesellschaft. Vielen von uns ist das deutlich und klar vor Augen.

Vergessen wird in unserem Kontext aber oft, dass nicht nur einengende Vorstellungen über geschlechtsspezifische Rollenverteilungen eine egalitäre Gesellschaft verhindern helfen, sondern nach wie vor rohe, physische Gewalt an Frauen ein Problem darstellt, das viel grösser ist als landläufig angenommen. So rückt beispielsweise die Polizei im Kanton Bern drei Mal pro Tag wegen häuslicher Gewalt aus, jede zweite Woche stirbt eine Frau in der Schweiz an den Folgen häuslicher Gewalt. Gewalt gegen Frauen wird hier zu Lande oft genug tabuisiert und verharmlost. Das darf nicht sein.

Im Zentrum der Andacht in der Mitte der Kampagne steht aber nicht solch physische Gewalt an Frauen, die weltweit ausgedehnte Teile unserer Gesellschaften bestimmt, sondern eine Geschichte aus Kalimantan, Indonesien, wo einige Partnerkirchen von Mission 21 beheimatet sind. Die Geschichte wird in einem traditionellen Flechtmuster dargestellt und erzählt von einer jungen Frau, die sich beständig und beharrlich gegen ihre Verheiratung wehrt. In Borneo, dessen südlicher Teil zu Indonesien gehört und Kalimantan genannt wird, gehört das Flechten von Matten, Körben, Taschen und Ähnlichem zum traditionellen Kunsthandwerk. Diese Gegenstände aus Rattan werden sowohl für den Alltag als auch für traditionelle Rituale verwendet. Die Muster, die das Flechtwerk zieren, haben jeweils eine eigene Botschaft: sie erzählen Mythen und Legenden, aber auch reale Begebenheiten aus der Vergangenheit. Das Flechtmuster, das dieser Andacht zu Grunde liegt, erzählt eine Geschichte über subtile Gewalt an Frauen. Es ist eine spezifisches, eigens geschaffenes Design, das die Geschichte des leisen Widerstandes gegen Frauen unterdrückende Strukturen ausdrückt.

Worte aus dem Psalter, gelesen aus der Bibel in Gerechter Sprache, führen in die Geschichte ein:

> Glücklich die Menschen, deren Hilfe der Gott Jakobs ist,
> deren Hoffnung sich auf den Heiligen, ihren Gott, richtet,
> der Himmel und Erde gemacht hat,
> das Meer und alles, was in ihm ist,
> der seine Zuverlässigkeit ewig bewahrt.
> Er schafft den Unterdrückten Recht,
> gibt den Hungrigen Brot,
> der Heilige lässt die Gefangenen frei.

Der Heilige öffnet die Augen der Blinden,
der Heilige richtet die Gebeugten auf,
der Heilige liebt die, die gerecht handeln.
Der Heilige bewahrt die Fremden,
Waisen und Witwen richtet er wieder auf,
aber den Weg der Gewalttätigen, macht er krumm.
(Psalm 146, 5–9)

Es folgt die Botschaft des Flechtmusters »Agigimpong« der Agabag in Ostkalimantan, Indonesien. Das Muster bedeutet »Vom Mädchen, das nicht heiraten wollte«.

Agabag Flechtmuster Agigimpong aus Tanjung Langsat, Nord-kalimantan, Indonesien, Material Rattan, Foto: Margrit Linder

»Es waren einmal ein Junge und ein Mädchen, die wurden einander als Kinder verlobt, wie es noch immer Brauch ist bei den Agabag. Doch als sie heranwuchsen und die Zeit kam, da sie heiraten sollten, merkte das Mädchen, dass es den Mann nicht liebte, und der Gedanke an Heirat erfüllte es mit Abscheu. Aber es getraute sich nicht, dies ihrem ausersehenen Verlobten oder ihrem Schwiegervater gerade heraus zu sagen, denn es war ein gutes Mädchen, fleissig, wohlerzogen und bewandert im Adat, den Sitten und Bräuchen, die sich bei ihnen gehörten. Eine lange Zeit dachte es nach und schliesslich beschloss es, ein Muster zu flechten, das ihnen einen Hinweis geben sollte. Und so erfand es ein neues Muster, flocht damit einen Tragkorb und liess ihn dem Vater seines Verlobten bringen. Er verstand nicht, warum er den Korb bekam. Das Muster war ihm unbekannt, und er konnte seine Botschaft nicht lesen. Er zeigte es seiner Frau und fragte sie nach ihrer Meinung. Sie betrachtete den Korb und sagte: ›Ich glaube, es bedeutet, dass sie nicht mit unserem Sohn zusammen leben will.‹ Sie hatte nämlich entdeckt, dass das neue, fremde Muster an das Jungfrauenmuster Sinumandak erinnerte, das schwierige Probestück, das ein Mädchen beherrschen muss, bevor es heiraten kann und auf einer grossen Matte als Aussteuer in die Ehe bringt. Doch wo sich die Linien harmonisch treffen sollten, wendeten sie sich von einander weg. Das musste das Zeichen sein, dass sich die beiden Verlobten nicht finden können. ›Aber wir wollen den Korb zurück schicken und schauen, ob er wieder zu uns kommt.‹ Also sandten sie ihn zurück, und alsbald schickte ihn das Mädchen wieder zu ihnen. Noch einmal sandten sie ihn zurück, und zum dritten Mal kam er wieder zu ihnen. Und so wussten sie nun, dass der Korb eine Botschaft enthielt. Das Mädchen würde ihren Sohn nicht heiraten. Doch war es bereit, die Brautgabe zurück zu geben, die seine Familie bereits erhalten hatte. Das gute Mädchen hatte offenbar auch einen Vorschlag zur Lösung des Problems in das Muster geflochten. Die lange gewundene Linie und die kleinen isolierten Formen mussten der Weg sein, der den jungen Mann zu den wertvollen Gegenständen zurückführen konnte, den vielen Gongs, den grossen, antiken Krügen und den Perlen, die seine Leute bei der Verlobung bezahlt hatten. Diese Lösung gilt noch heute im Gesetz der Agabag, wenn eine Verlobung oder Ehe ›Agigimpong‹, d. h. auf Wunsch der Frau, aufgelöst wird.«

Zwei Fragen sollen uns zurück in den Alltag begleiten:
Wo gibt es in meinem Umfeld Gewalt, unter der Frauen und Mädchen leiden?
Wie kann ich mich gegen solche Gewalt beharrlich und friedlich zur Wehr setzen?

Keine Frau soll aufgrund ihres Geschlechts Gewalt oder Diskriminierung erfahren!

Geht in der Kraft, die euch gegeben ist.
Einfach, leichtfüssig und zart.
Haltet Ausschau nach der Liebe.
Gottes Geist geleite euch.

Gott segne euch und behüte euch,
Gott blicke euch freundlich an
Und sei euch gnädig.
Gott schenke euch seinen Frieden.
Amen.

(Dr. des. Claudia Hoffmann ist Oberassistentin für Aussereuropäisches Christentum, Theologische Fakultät der Universität Basel)

Religiös konnotiertes Essen als Partizipation, Integration und Separation

Bertram Schmitz

1. Hinführung

Lassen Sie mich in Meißen, einer Stadt, die vor allem für ihr Porzellan und damit spezifisch für das Essgeschirr weltberühmt ist, mit einer etwas drastischen, aber für unseren Zweck dennoch weiterführenden Frage beginnen, die mir von einer thailändischen Reisebegleiterin gestellt wurde. Sie fragte mich: »Was hat vier Beine und wird in China *nicht* gegessen?« Durch die *vier Beine* wird man bewusst in die falsche Richtung gelenkt, denn es sind »Tisch und Stuhl«.

An dieser kurzen Anekdote lassen sich für das vorzustellende Thema verschiedene Dimensionen verdeutlichen. Die erste, vielleicht offensichtlichste: Man kann sich über die Essensgewohnheiten und Traditionen anderer Gemeinschaften und Kulturen mokieren. *Die anderen* essen nicht so, wie wir essen. Und damit sind sie zumindest in einem Aspekt kulturlos, was zumeist in der Realität allerdings nur bedeutet: Sie teilen nicht die Werte der jeweils eigenen Kultur. So gibt es die Allesesser, die Schweinefleischesser, die, bei denen Froschschenkel und Schnecken als Delikatesse gelten, und diejenigen, die überhaupt keine Tiere verspeisen. Als ich gegenüber der eingangs erwähnten Thailänderin auf die Insekten verwies, die als Speise auf dem Marktplatz angeboten werden, meinte sie, das ginge mich nichts an.

Auch wenn der kurze Dialog in der damaligen Situation selbstverständlich humorvoll gemeint war, zeigt er doch diese Unterscheidung auf: Dieses essen *wir*, und das ist eigentlich Kultur, und das essen *die Anderen* – das wäre dann, so die implizite Schlussfolgerung, nicht die eigentliche Kultur. Die andere, in diesem Sinn dann *uneigentliche* Kultur kann einem fremd, befremdlich oder gar unheimlich werden. *Die dort* – so etwa eine Formel der Distanzierung – essen sogar Hunde, Schlangen oder Hühner.[1] Gerade die Hühnerfüße sind in vielen Gebieten Chinas eine gern gegessene Leckerei, die sich auch in Flughafen-Kantinen finden lässt oder etwa in chinesischen Restaurants in Manila auf den Philippinen. In westeuropäischen chinesischen Restaurants wird man sie selbstverständlich nicht auf der Speisekarte finden, denn auch Restaurantbesitzer aus China wissen: *Hier* isst man *so etwas* nicht! Die Flügel von Hühnern werden gegessen, aber die Füße – warum auch immer – sollten nicht auf den Tisch kommen.

Noch mindestens ein weiterer Punkt lässt sich an dem genannten Beispiel entfalten. Er wird gerade deshalb ebenso offensichtlich, weil das Beispiel in sich so einfach ist: Es muss grundsätzlich keinerlei Einschränkung beim Essen geben! Die japanische Küche gibt ein Beispiel dafür, dass auch hochgiftiger Fisch[2] dann genießbar wird, wenn man ihn entsprechend präpariert und zubereitet. Die erforderliche Kunst dieser Vorbereitung erhöht zugleich die innere Dramatik des Essens: Hat es der speziell für diese Präparation zertifizierte Koch auch dieses Mal geschafft, das Gift vollständig zu entnehmen?! Es gibt also grundsätzlich wohl kaum ein Tier, das von vornherein von der Speisekarte ausgeschlossen sein muss.

Auf Pflanzen bezieht sich dieser Ausschluss[3], wie im Folgenden noch zu besprechen sein wird, fast nur in einer – allerdings für Religionen mitunter bedeutsamen – Ausnahme. In gegorenem, alkoholisiertem Zustand sollten Pflanzenprodukte gar nicht oder nur in Maßen bzw. in bestimmten religiös bedingten Zeremonien genossen werden. Das jüdische Purim-Fest einerseits oder, für die Religionen indischen Ursprungs genannt, die gesamte Linie des *linkshändigen* Tantrismus[4] andererseits bilden dabei eher die Ausnahme.

[1] Zu weltweiten Essgewohnheiten siehe ausführlich z. B. Gert von Paczensky/Anna Dünnebier, Kulturgeschichte des Essens und Trinkens, München 1994.

[2] Es handelt sich um den Fugu genannten Fisch. Weitere Angaben zu diesem Fisch, seiner Zubereitung und seinen unterschiedlichen Sorten, inklusive der je spezifischen Angaben, welche Teile dieser Sorten in welcher Weise giftig sind, sind im Internet problemlos aufzufinden.

[3] Umgekehrt können Speisen aus pflanzlichen Produkten durchaus einen zeichenhaften Wert und eine kultisch wirksame Funktion haben, so sei etwa an Speiseordnungen zu Pessach gedacht, die z. B. Mazzen und Bitterkraut betreffen und als Zeichen des eiligen Auszugs und der traurigen Gefangenschaft in Ägypten verwendet werden, aber auch der Peyotl-Pilz in seiner bewusstseinsverändernden Wirkung bei mittelamerikanischen Ritualen oder die Wirkung des Soma-Tranks in der altindischen Kultur, dessen Substanz-Zusammensetzung noch nicht definitiv geklärt zu sein scheint.

[4] Der sogenannte linkshändige Tantrismus ist insofern bemerkenswert, als er durch die Kontraposition gegenüber den klassisch hinduistischen Ordnungen nicht so sehr auf Freiheit von Bestimmungen, sondern auf eine quasi übergeordnete Wirkung setzt und dafür etwa den Fleisch- und Alkoholgenuss einsetzt.

Wenn es aber keinen von außen, also in diesem Fall von dem Gegenstand selbst gegebenen notwendigen Grund gibt, bestimmte Wesen im Verzehr zu meiden, wird damit die Frage umso bedeutsamer, *warum* bestimmte Religionskulturen Speiseordnungen bestimmen und *wie bzw. wofür* sie diese einsetzen. Wie deutlich wurde, steht damit praktisch das gesamte Feld der möglichen Nahrungsgüter zur Verfügung, *um es mit je spezifischen Konnotationen zu versehen, gerade weil* in diesem gesamten Bereich praktisch nichts von vornherein in sich ausgeschlossen oder definitiv vorkonnotiert ist. Selbst für die Gesundheit gefährliche Lebensmittel können entsprechend bearbeitet werden, dass sie ihre Gefahr verlieren, oder aber es wird ihre Dosis vermindert. Durch Letzteres können selbst an sich bedrohliche Substanzen wie etwa Schlangengifte zu Heilmitteln werden.

Diese Hinführung zum Thema sollte jedoch nicht beendet werden, ohne noch auf die weltweit hohe Essenskultur Chinas zu verweisen, denn dieses Land diente ja eingangs als befremdendes Beispiel. Die chinesische Porzellan-Kultur, die hier in Meißen unbedingt erwähnt werden sollte, ist im Westen so bedeutsam geworden, dass das englische Wort »china«[5] sogar Geschirr bedeutet. Doch ebenso ist das Besteck Teil dieser alten Hochkultur. So schreiben etwa Gert von Paczensky und Anna Dünnebier in ihrer »Kulturgeschichte des Essens und Trinkens«:

> »Die ältesten bekannten [Essens]Stäbchen sind aus Elfenbein und wurden in China in den Ruinen eines Palastes der Zhou-Dynastie gefunden, der aus dem 11. Jahrhundert v. Chr. stammt. Kwang-Chih Chang, der eine umfassende Geschichte der chinesischen Esskultur herausgegeben hat, nimmt an, dass Stäbchen auch schon unter der vorhergehenden Shang-Dynastie benutzt wurden, also schon zwischen dem 18. und 12. Jahrhundert v. Chr., wenn auch weniger häufig als Finger[ersatz, sondern eher als Werkgerät der Zubereitung].«[6]

Paczensky und Dünnebier fahren folgendermaßen fort: »Von China aus verbreiteten sich die Stäbchen nach Korea und Vietnam. Im 6. Jahrhundert n. Chr. gelangten sie auch nach Japan, und zwar mit den religiösen Riten des Buddhismus.«[7] Demgegenüber wird die Gabel in Europa erst ab dem 16. Jahrhundert salonfä-

---

[5] In diesem Fall wird das Wort allerdings klein geschrieben.
[6] Paczensky/Dünnebier, Kulturgeschichte, 315.
[7] A. a. O. 316.

hig.[8] Darüber hinaus sollte noch auf die Vielfalt der unterschiedlichen und aus-differenzierten Speisegewohnheiten in China verwiesen werden, die zeigen, dass es sich hierbei durchaus um eine hoch kultivierte Angelegenheit handelt, die aber weitestgehend *nicht* religiös konnotiert wird, wobei natürlich die vom Buddhismus explizit beeinflussten Gebiete wieder ausgenommen werden müssen.

Essen *muss* also *nicht, kann* aber spezifisch konnotiert werden. In den folgenden Ausführungen soll besonders die explizit religiöse Konnotierung im Vordergrund stehen.

2. Abrahamitische Religionen

2.1 Die Aufteilung der erschaffenen Welt in Sphären

Besonders die Vorstellung eines religionsbestimmten Essens im Judentum und später auch im Islam lässt sich gut nachvollziehen, wenn zwei elementare und etwa für die indischen Religionen nicht selbstverständliche Faktoren miteinander in Beziehung gesetzt werden: Es gibt einen Gott, und dieser Gott hat als Schöpfer die Welt erschaffen. Zugleich hat er den Menschen eine Lebensordnung gegeben, in der er unter anderem die materiellen (später auch die immateriellen) Gegenstände dieser Welt grundsätzlich in zwei Sphären unterteilt hat. Es gibt eine frei zugängliche, erlaubte, gute oder auch gebotene Sphäre, die von Gott befürwortet wird und zu ihm hinführt. Und es gibt demgegenüber eine Sphäre, die gar nicht oder nur unter bestimmten Umständen zugänglich, verwerflich bzw. verboten ist und von Gott wegführt. Diese beiden Sphären, *positiv* und *negativ*, sollen weiterhin in folgende drei Dimensionen und ihre Antagonismen unterteilt werden: heilig – nicht heilig; gut – verwerflich; verfügbar – nicht verfügbar. Für die folgenden Ausführungen ist wichtig, dass die alte Religion Israels alle drei Dimensionen kennt und sie dort voll zum Zuge kommen. Innerhalb dieser drei Dimensionen wird je eine Sphäre gewissermaßen positiv beurteilt und die andere negativ. Aber dennoch müssen diese Sphären nicht miteinander verbunden sein. So sind auf der positiven Seite *heilig* oder gar sakral, im ethischen Sinn *gut* und schließlich in der Aneignung *verfügbar* drei unterschiedliche positive Faktoren, die aber in sich voneinander zunächst[9] unabhängig sind.

[8] Vgl. a. a. O. 318.

Die sakrale Sphäre fragt nicht nach dem ethischen Gutsein. So starben etwa die beiden Söhne Aarons nach Levitikus 10 bzw. 16, als sie in das Allerheiligste des Bundeszeltes eindrangen, unabhängig von ihrer guten Absicht und ihres Charakters. Auch hängt die Bedeutung der Eucharistie nicht an der ethischen Qualität des Priesters. Um ein weltliches Beispiel zu nehmen: Ein Stromschlag gefährdet einen Menschen auch unabhängig von seiner Moralität. Die Dimensionen heilig, verfügbar und gut bzw. negativ, nicht heilig, unverfügbar und böse stehen auf unterschiedlichen Ebenen. Selbst der an sich hochheilige Hohepriester konnte selbst als ethisch hochstehender Mann doch das Jom Kippur-Ritual nicht ausführen, wenn ihm Samenflüssigkeit entfuhr.[10] Er wurde damit weder böse noch unheilig, sondern er war einfach in diesem Moment für diese Aufgabe *ungeeignet*.

Diese genaue Analyse des Vorgangs hilft, sich vor einer allzu schnellen gedanklichen Verbindung dieser drei unterschiedlichen Dimensionen zu schützen. Und es zeigt, dass der Terminus *ungeeignet* besser passt als das häufig missverständlich verwendete *unrein*, mit dem allzu schnell Konnotationen von *unsauber*, *böse*, *minderwertig* etc. assoziiert werden. Da diese Dimension von *geeignet – ungeeignet* besonders im Hinduismus, Judentum und Islam von Bedeutung ist, gilt es, sie auch im Umgang mit diesen Religionen klar zu fassen – selbst wenn nachträglich Verbindungen zu anderen Dimensionen hergestellt werden. Die Unterscheidung der drei genannten Dimensionen hilft darüber hinaus zu erkennen, inwiefern sich in der Religionsgeschichte Verschiebungen vollzogen haben, die auf diese Weise deutlich konturiert werden können.

Eine solche Unterscheidung von verschiedenen Dimensionen kann auch in anderen Bereichen vorgenommen werden, so z. B. bei einem Kunstwerk: Es kann danach befragt werden, inwiefern es ästhetisch anspricht, welch intensiver

---

[9]   Diese Sphären können innerhalb dieser beiden Religionen, Judentum und Islam, miteinander verbunden werden, müssen es aber nicht. Eine Verbindung von körperlicher mit religiöser Unreinheit findet biblisch etwa in Psalm 51 explizit statt. Solche Beispiele von Verbindungen führen jedoch dazu, dass allzu leicht unbedarft Sphären von außen miteinander verbunden werden, die nicht in sich miteinander verbunden sind. So kann etwa ein Pferd oder ein Kamel durchaus sauber sein; es lässt sich auch gut als Reittier verwenden, und man kann sogar Beziehungen zu diesem Tier aufbauen. Dennoch dürfen nach jüdischer Religionsordnung beide Tiere nicht gegessen werden. Sie deshalb als »unrein« zu bezeichnen, wäre missverständlich. Dadurch, dass im Islam etwa das Kamel gegessen werden darf, wird es auch dem Judentum gegenüber nicht »reiner«. In diesem Sinn ist es irreführend, wenn zum einen die Terminologie von »rein – unrein« unreflektiert verwendet würde, zum anderen wäre es religionswissenschaftlich unangemessen, die unterschiedlichen Ebenen miteinander zu verbinden, ohne dass die gerade dargestellte oder untersuchte Religion selbst dieses tut.

[10] Vgl. hierzu den Traktat Joma in der Mischna.

Expressionsgehalt vermittelt wird und etwa aus welchem Material es ist oder ob es sich um ein Gemälde oder eine Skulptur handelt. Diese einzelnen Dimensionen können unter Umständen miteinander in Relation stehen, müssen es aber keinesfalls.

Im modernen westlichen Denken werden Religionen schnell auf die Dimension der *Ethik* reduziert, sodass die Dimension von heilig/sakral, aber auch die Frage von *geeignet – ungeeignet* ausgeklammert werden. Dies passiert in der Praxis etwa bei der Lehrerausbildung an Universitäten, wenn Religionen implizit mit *Ethik* gleichgesetzt werden. Dabei werden die anderen beiden[11] Dimensionen übersehen. Doch sie sind gerade für das Thema «Essen" entscheidend. Nur in wenigen später zu behandelnden Aspekten wird das Thema des Essens mit der Ethik verbunden.

2.2 Israel

Betrachten wir zunächst die Basis für die abrahamitischen Religionen, wie sie im Judentum vor der Zeitenwende gelegt wurde. Auf das Essen bezogen wird deutlich, dass bestimmte Tiere oder Tiere in bestimmten Zuständen vom Verzehr ausgenommen sein sollen[12], in derselben Weise wie etwa der Kontakt zwischen Menschen, z. B. Mann und Frau, unter bestimmten Momenten unterbunden werden soll. Darin liegt, wie eingangs erwähnt, *zunächst* weder ein Moment der Heiligkeit noch geht es um die Frage nach Gut und Böse. Das jeweilige Objekt oder die jeweilige Person ist bei diesem Ausschluss für eine bestimmte Tätigkeit, Begegnung oder Funktion nicht verfügbar, d. h. es soll dafür nicht verwendet werden. So sollen etwa alle Gegenstände in einem Raum nicht weiter verwendet werden, wenn jemand vor Kurzem in diesem Raum verstarb – zumindest sollen alle Gegenstände, in die eine beinahe schon immaterielle Substanz des Todes eindringen kann, ebenso einer Reinigung unterzogen werden wie Personen, die in diesem Raum waren, bevor sie wieder für das alltägliche Leben geeignet sind. Ausführlich werden solche Regeln im Mischna-Traktat *Ohelot*, Überzeltungen, behandelt.

---

[11] Dies gilt auch für weitere Dimensionen der Religionen, etwa die Mystik, die Frage nach geistiger Bildung oder die Vorstellung einer Ordnung der Zeit etwa durch ein – auch für den Alltag mitunter sehr relevantes – Kalendersystem.

[12] Vgl. zu diesen Ordnungen besonders Levitikus 11.

Aus moderner Sicht mag es bemerkenswert sein, dass für diese Trennung von Verfügbarem und Nichtverfügbarem keine Begründung angegeben wird. Erst in weiterem Sinn tritt die genannte Dimension der Heiligkeit mit hinzu: Gott schließt, so die biblische Überlieferung, mit seinem Volk einen Bund und gibt ihm dabei die Möglichkeit, insgesamt ein »heiliges Volk« zu sein – indem es die in diesem Bundesschluss enthaltenen Gebote verwirklicht. Dazu gehört dann auch die Meidung bestimmter Lebensmittel oder deren Verbindung miteinander als Nahrung. Auch das orthodoxe Judentum in der Gegenwart gibt letztlich für diesen Ausschluss des Nichtverfügbaren keine Begründung außer der, dass die entsprechenden Gebote von Gott gegeben seien.

Auf die Speiseregeln bezogen wurde von der exegetischen Wissenschaft oftmals versucht, ein *System* in diesen einzelnen Bestimmungen zu finden. So stellt etwa Staubli in seinem Kommentar zu Levitikus und Numeri die Vermutung an, dass letztlich die meisten Speisevorschriften um das Verbot des Schweins herum geordnet wurden.[13] Leicht nachzuvollziehen sind allerdings die Gebote, die sich auf die Meerestiere beziehen. Alles, was gegessen werden darf, sieht so aus, wie man sich im Allgemeinen einen Fisch vorstellt: Mit Flossen und Schuppen; aber es sollte nicht aussehen wie eine Schlange oder gar wie ein Stern oder wie krabbelnde Landtiere.

Es gibt damit also eine Ordnung dessen, was gegessen werden darf und was vom Verzehr ausgeschlossen wird. Der pragmatische Vorteil dieser Ordnung liegt darin, dass mit ihr *letztlich definitiv und eindeutig* begründet werden kann, warum man das eine isst und das andere nicht. Diese in der Tora genannte Ordnung gilt für die Israeliten als Gemeinschaft, die mit Gott einen Bund geschlossen hat.

Dieses grundlegende Ordnungsprinzip soll nun in drei Richtungen weiterverfolgt werden: Was wurde daraus in der Religion des rabbinischen Judentums, des bereits erwähnten Islams und schließlich im Christentum?

---

[13] Thomas Staubli, Die Bücher Levitikus/Numeri, NSK-AT 3, Stuttgart 1996, 95–105 (Reine und unreine Tiere). »Tatsächlich erweckt das priesterliche Kriterium den Eindruck, als sei es eigens im Hinblick auf das Schwein entwickelt worden; ›der Herrscher des Universums weiß, dass es kein anderes Tier gibt, das gespaltene Hufe hat und unrein ist als das Schwein‹ (b. Chul) 59a).« Mit diesem Zitat aus dem Talmud-Traktat Chullin stützt Staubli in origineller Weise seine Vermutung (97). Im Koran bleibt von den in Levitikus genannten Tieren explizit auch nur das Schwein übrig, dessen Genuss verboten wird.

2.3 Rabbinisches Judentum

Die Modifikation dieser Ordnung im rabbinischen Judentum nach der Zeitenwende lässt sich gemäß jüdischer Tradition mit einer auf den ersten Blick humor-
vollen, auf den zweiten aber tiefsinnigeren Erzählung vorstellen: Moses steht auf
dem Berg Sinai und erhält von Gott die Weisung »Du sollst das Kalb nicht in der
Milch seiner Mutter kochen!« Moses nimmt die Weisung entgegen und antwortet
Gott verständnisvoll: »Du meinst also, ich soll beim Kochen Milch- und Fleisch-
produkte voneinander trennen?« Worauf Gott ihm gegenüber wiederholt, er solle
das Kalb nicht in der Milch seiner Mutter kochen. Darauf sagt Moses, dass er nun
die Anweisung wohl richtig verstehe; es sei also das milchige Geschirr in einem
Becken zu waschen, das von Fleisch berührte in einem anderen. Noch einmal
wiederholt Gott seine schlichte Formulierung, dass das Kalb nicht in der Milch
seiner Mutter zu kochen sei. Jetzt, antwortet Moses, sei ihm alles klar. Sobald er
also etwas von Fleischprodukten gegessen habe, werde er zumindest einige Stun-
den warten, bis er etwas aus Milch Präpariertes zu sich nehmen werde. Gott beendet daraufhin die Unterhaltung mit den Worten: »Moses, mach doch was du
willst!«[14]

Über den Unterhaltungswert dieser Geschichte brauchen wohl kaum weitere
Worte verloren werden. Bemerkenswert ist jedoch der lehrreiche Inhalt rabbi-
nisch-talmudischer Exegese, der auf diese anschauliche Weise vermittelt wird.
Zunächst wird dem kundigen Leser oder Hörer implizit verdeutlicht, dass der
entsprechende Vers[15], dass das Kalb nicht in der Milch seiner Mutter zu kochen
sei, dreimal in der Tora zu finden ist, also genauso oft, wie er hier zitiert wird.
Zugleich wird die Regel deutlich, dass Gott nichts umsonst sagt, sondern dass
aus dieser mehrfachen Wiederholung des Spezifischen eine allgemeine Regel
abzuleiten sei.[16] Damit stehen also das Kalb und die Mutterkuh für Fleisch insgesamt, die Muttermilch für sämtliche Milchprodukte.[17] Weiterhin wird deutlich,
dass Gott vor der Zerstörung des Tempels 70 u. Z. bereits die gesamte schriftliche
Tora gegeben habe und kein weiterer Prophet mehr etwas hinzufügen kann. Die

---

[14] Vgl. zu dieser Paraphrase die Fassung dieser Geschichte in Michael Lion, Mach, was du willst, Mose!,
Gütersloh 2000, 44f.
[15] Zum Beispiel Exodus 23,19.
[16] Vgl. zu den rabbinischen Regeln der Schriftauslegung z. B. Günter Stemberger, Der Talmud – Einführung,
Texte, Erläuterungen, München 1994³, 55–61.
[17] Vgl. dazu eine Stellungnahme des Progressiven Judentums in Jonathan A. Romain/Walter Homolka,
Progressives Judentum – Leben und Lehre, München 1999, 138–143, zu dieser Weisung explizit 139.

Modifikationen geschehen nun durch die Gelehrten, die eben solche Fragen stellen, wie die Verse der schriftlichen Tora kontextuell und auf die Situation hin zu verstehen seien. Diese Auslegungen werden schließlich in der sogenannten mündlichen Tora, d. h. der Mischna und in ihren Erklärungen, d. h. in der Gemara festgehalten, wobei beide zusammen den Talmud[18] bilden. Schließlich ist noch gemäß dieser kühnen Geschichte anzumerken, dass auch die mündliche Tora *ad sensum* auf die direkte göttliche Offenbarung zurückgeführt wird, die – wie es klassisch heißt – dem Moses am Sinai offenbart wurde.[19] Die wohl auffälligste Besonderheit dieser rabbinischen Speiseregeln ist die genannte durchgehende Trennung von Milch- und Fleischprodukten. Diese werden also in ihrem Verhältnis zueinander von den Rabbinen explizit und religionsgeschichtlich einzigartig konnotiert, indem sie sich in Bezug auf jegliche Berührung durchgehend ausschließen sollen, obwohl sie je getrennt genossen werden dürfen.

Die jüdischen Speiseregeln werden damit auf der Grundlage der hebräischen Bibel als schriftlicher Tora vom rabbinischen Judentum in der Auslegung und damit vielfach der Erweiterung der klassischen rabbinischen Diskussionen des Talmuds verstanden. Allein die immer kleiner werdende Gruppe der Karäer schließt sich den Talmud-Ordnungen nicht an. Die rabbinischen Regeln wurden so spezifisch und detailliert, dass es kaum mehr praktikabel für eine nichtjüdische Person ist, im alltäglichen Umgang für Juden akzeptabel zu kochen. Die Speisevorschriften werden damit zu einem *abgrenzenden Faktor* des Judentums, in dem es sich dezidiert und explizit von anderen Gemeinschaften der Welt separiert.[20]

Zwar ist es für Nichtjuden möglich, mit Juden zu speisen, aber der umgekehrte Fall ist eher eingeschränkt. Durch die Charakteristika insbesondere der rabbinischen Auslegung der Speisegebote bildet die jüdische Gemeinschaft tendenziell eine nur in Einzelfällen bzw. nur in eine Richtung durchlässige Essensgemeinschaft für sich. Da sie sich als ein *Volk von Priestern* versteht, wurde zudem die priesterliche Akkuratheit der Beachtung dieser Regeln zunächst von den Pharisäern[21], dann – nach der Zerstörung des Tempels – von den Rabbinen insgesamt auf das Alltagsleben aller Juden hin transformiert. Erst in Reformrichtungen des

---

[18] Genau genommen wäre von zwei Talmuden zu sprechen, dem Babylonischen und dem Jerusalemer Talmud.

[19] Vgl. dazu z. B. anschaulich Menachot 29a mit dem Kommentar von Stemberger, Der Talmud, 67.

[20] Vgl. zu diesem Punkt Romain/Homolka, Progressives Judentum, 139. Zu diskutieren wäre – zumindest aus der Sicht des Progressiven Judentums –, wie diese Absonderung zu bewerten ist.

[21] Vgl. z. B. die (mitunter polemischen?) entsprechenden Darstellungen in den Evangelien.

Judentums der Moderne werden diese Regelungen diskutiert und zunehmend in die individuelle innere Haltung und Verantwortung der Einzelnen verlagert. So stellen etwa Romain und Homolka in ihrem Standardwerk für das Progressive Judentum klar: »Man hört oft die falsche Behauptung, das progressive Judentum würde die Speisegesetze ablehnen. Dies ist nicht der Fall. Richtig ist, dass das progressive Judentum es ablehnt, das Jüdischsein eines Menschen nach dem zu beurteilen, was er isst, anstatt nach seinem Verhalten. Der Speiseplan darf die moralischen Forderungen an den Menschen nicht überschatten.«[22] In dieser Formulierung wird hierbei eine noch stärkere Verschiebung zur Ethik deutlich, als dies im Judentum ohnehin schon der Fall ist. Doch trotz dieser Betonung auf die Ethik sollte das Einhalten der Speisegebote von Außenstehenden nicht als ein schematisches Erfüllen von Weisungen abgetan werden.

2.4 Islam

Der Koran greift die *grundlegenden* Speisevorschriften des biblischen Judentums auf. Sie gehören nach dem im Koran dargelegten Verständnis zu dem Teil, den Gott auch schon den Propheten vor Muḥammad offenbart hat und der *im Kern korrekt* weitergegeben wurde.[23] Dabei sind die beiden gerade genannten Einschränkungen von Bedeutung: Es geht um die grundlegenden Speisevorschriften, unter denen der Koran vor allem das Verbot von Schweinefleisch, Aas, anderen Wesen als Allah geweihtem Fleisch und Tieren versteht, die nicht explizit von Menschenhand getötet wurden.[24] *Grundlegend* ist in beiden Religionen der Genuss von Blut verboten, denn Blut ist die Verkörperung der *nefesch*[25] oder Arabisch: der *nafs*, d. h. des Lebens selbst. Es steht, so die biblische Vorstellung, keinem Menschen zu, sich die *nefesch* eines anderen Wesens einzuverleiben, denn *nefesch* sei Leben und das Leben gehöre Gott allein.

---

[22] Romain/Homolka, Progressives Judentum, 138.

[23] Vgl. etwa Verse wie Koran 2,136, die die Reihen der (zumindest auch biblischen) Propheten angeben, oder Versteile zu 5,44a: »Wir haben die Tora hinabgesandt. In ihr sind Führung und Licht, damit die Propheten, die gottergeben waren, für die Juden entscheiden – auch die Rabbiner und Gelehrten – nach dem, was ihnen von Gottes Schrift anvertraut worden ist« (nach der Übersetzung von Hans Zirker, Der Koran, Darmstadt 2003).

[24] Vgl. Koran, Sure 5,3.

[25] Vgl. die besonders deutliche und direkte Verbindung beider Wörter in Genesis 9,4: »*nafscho – damo*«, »sein Leben – sein Blut«, die eine Identität von beidem nahelegen.

Der Koran weist weiterhin auf die Verfälschungen hin, die Juden und Christen an den Offenbarungsüberlieferungen vorgenommen hätten. Dazu wird durchaus die massive Diskussion der alten biblischen Speisevorschriften gehören, wie sie sich im Talmud findet, die die Rabbinen mit der Hand geschrieben haben und doch behaupten, »das ist von Gott«.[26] Wir haben gerade gesehen, inwiefern diese Behauptung im Grundsatz aus orthodox-jüdischem Verständnis durchaus zutrifft. Damit sind die Ordnungen im Koran zwar – auch wenn es in dieser Reihenfolge zunächst paradox klingen mag – *nicht die gleichen, aber letztlich dann doch dieselben.*

Dennoch ist auch im Koran bemerkt und vermerkt, dass die jüdischen Verbote weit über das hinausgehen, was im Islam als der »Religion Abrahams« oder auch der »Religion Gottes« zu gelten habe. Bemerkenswert ist deswegen der Vers, Sure 4,160: »Weil also von den Juden Unrecht geschieht, haben wir ihnen köstliche Dinge, die ihnen erlaubt gewesen waren, verboten, weil sie oft von Gottes Weg abhalten.«

In einem Verbot geht jedoch der Koran eindeutig über die Tora und selbst über die Gebote des Talmuds hinaus: Es darf – so zumindest die spätere Koran-Interpretation – *kein* alkoholhaltiges Getränk getrunken werden. Dass, wie der Koran bemerkt, Wein zwar wie Glücksspiel nützlich sein kann, aber der Schaden größer ist,[27] wird durchaus schon im Judentum bemerkt. Dass man beim Gebet nicht betrunken sein soll, wird in den Briefen des Neuen Testaments gefordert. Doch die islamische Auslegung geht so weit, dass gar kein Alkohol angerührt werden darf.

Diese massive, mitunter schon absolute Einschränkung hat eine fundamentale Religionstrennung zur Folge, die bisher in der Literatur meines Wissens kaum artikuliert wurde: Da fast jedes jüdische Ritual und besonders auch das zentrale christliche Ritual der Eucharistie bzw. der Qurbana oder auch des Abendmahls grundsätzlich mit Wein gefeiert wird, wird mit diesem absoluten Verbot des Weingenusses auch ein Schnitt zu den zentralen Feiern dieser beiden Religionen gezogen. Bei beiden wird zumindest eine geringe Menge Weingenuss vorausgesetzt, der Islam in seiner intensiven Auslegung verbietet aber gerade auch diesen. Auf diese Weise könnte kein Muslim schon aufgrund des Alkoholverbots an den

---

[26] Koran, Sure 2,79 u. o. Vgl. zu dieser Thematik ausführlicher Bertram Schmitz, »Wehe denen, die die Schrift mit ihrer Hand schreiben und dann sagen: Das ist von Gott« – Der islamische Vorwurf der Schriftverfälschung aus religionswissenschaftlicher Sicht, in: Das koranische Motiv der Schriftverfälschung (tahrif) durch Juden und Christen, hg. v. Timo Güzelmansur, Regensburg 2014, 71–124.

[27] Vgl. Koran, Sure 2,219.

klassischen jüdischen Feiern und an dem zentralen Ritual des Christentums teilnehmen.

Grundsätzlich können also die Speisegebote des Judentums mit denen des Islams verbunden werden bzw. sind, obwohl modifiziert, eigentlich mit ihnen identisch. Dabei sind die jüdischen, insbesondere in der Auslegung des Talmuds, die wesentlich weiter gehenden. Damit müssten für einen Muslim die jüdischen Verbote mehr als hinreichend sein, und es gäbe, abgesehen vom Weingenuss, nichts, was er nicht essen dürfte. So formuliert der Anfang von Sure 5,5: »Heute sind euch die guten Dinge erlaubt: Die Speise derer, denen die Schrift gegeben worden ist, ist euch erlaubt und auch eure Speise ihnen.« Da der Koran davon ausgeht, dass auch der Gott für beide Religionen derselbe sei, müssten also Muslime die Speisen von Juden durchaus essen können, doch umgekehrt gehen die islamischen Verbote dem Judentum nicht weit genug. Ein einfaches Ausbluten der Speisen etwa, wie es für den Islam hinreichend ist, genügte dem Judentum nicht.

Dennoch wird deutlich, dass, wie eingangs zum Islam gesagt, die Gebote von Islam und Judentum grundsätzlich dieselben sind – eben nur nicht die gleichen – und dass damit einhergehend der Islam die im Judentum so bedeutsame Trennung der Sphären des Verfügbaren und des Nichtverfügbaren bestätigt. Die Zuordnung zu den beiden Polen dieser Sphären sei von Gott definitiv bestimmt und wurde bereits Moses gegeben. Spätere Traditionen in beiden Religionen datieren die Kenntnis dieser Gebote der Trennung von Essbarem und nicht Essbarem bereits auf Abraham oder gar Adam[28] vor. Damit unterscheiden sich diese beiden Religionen von allen anderen nicht abrahamitischen Religionen, aber auch vom Christentum.

2.5 Christentum

Das Christentum soll nun als letzte der drei abrahamitischen Religionen in Bezug auf die Speiseordnungen dargestellt werden. Dabei werden zwei Eckpunkte wesentlich: Die Sphäre von *verfügbar – nicht verfügbar* wird fast durchgehend aufgehoben und verliert damit auch beim Essen ihre Bedeutung. Zugleich rückt jedoch mit der Eucharistie-Feier ein Akt der Speisung in den Mittelpunkt des Christentums, der sich als ebenso zentral wie exklusiv versteht.

---

[28] So hatte Adam gemäß Koran, Sure 2,37, bereits die »Worte von seinem Herrn« erhalten.

Für den ersten Punkt lassen sich zwei Schlüsselgeschichten erwähnen. Die eine betrifft gemäß der Überlieferung Jesus selbst. Ich zitiere die entsprechenden Verse nach der ältesten Fassung, wie sie im Markusevangelium, Mk. 7,1–23, zu finden ist. Die Pharisäer »sahen einige seiner Jünger mit [kultisch][29] unreinen, das heißt ungewaschenen, Händen das Brot essen«.[30] Das irritierte die Pharisäer, da sie ihre Hände zunächst waschen, wenn sie vom Markt kommen, bevor sie essen. Ebenso waschen sie, was im Text mit Verwunderung bemerkt wird, »Trinkgefäße und Krüge und Kessel und Bänke«.[31] Während nach dem *hygienischen* Bewusstsein der Moderne der Leser eigentlich den Pharisäern recht geben müsste, versteht der christliche Text diesen Sachverhalt kontextuell adäquat in seiner *kultisch-religiösen Sphäre* des Verfügbaren, wechselt dann aber von dort ausgehend in die Sphäre des *Ethischen* über, indem er offensichtlich die Bedeutung des Ersteren gänzlich ignoriert. So lässt der Text Jesus sagen: »Seid ihr denn auch so unverständig? Merkt ihr nicht, dass alles, was von außen in den Menschen hineingeht, ihn nicht unrein machen kann?« Jesus erklärt damit letztlich diese gesamte Sphäre von *verfügbar – nicht verfügbar* religiös gesehen als bedeutungslos. Dabei verschiebt er deren gesamte Bedeutung auf »das Herz«, wobei der Text ihn anschaulich über das Gegessene formulieren lässt: »Denn es geht nicht in sein Herz, sondern in den Bauch und kommt heraus in die Grube.«[32] Die eigentliche Verunreinigung entstünde demnach im Herzen selbst und ginge aus dem Herzen heraus: »Was aus dem Menschen herauskommt, macht ihn unrein; denn von Innen, aus dem Herzen der Menschen, kommen heraus böse Gedanken, Unzucht, Diebstahl, Mord, Ehebruch, Habgier, Bosheit, Arglist, Ausschweifung, Missgunst, Lästerung, Hochmut, Unvernunft. Alle diese bösen Dinge kommen von innen heraus und machen den Menschen unrein.« Damit wird deutlich, dass dieser Bereich der Verfügbarkeit in den des Gutseins mit überführt wird und das kultisch nicht verfügbare Areal in das ethisch böse transformiert wird.

Die zweite Schlüsselgeschichte zur Aufhebung der Bedeutung dieser gesamten Sphäre von *geeignet – nicht geeignet* findet sich in doppelter Überlieferung

---

[29] Es geht in diesem Beispiel um die Frage nach der kultischen Reinheit, nicht nach der Sauberkeit. Das heißt, die Hände der Jünger müssen in diesem Fall nicht unbedingt verdreckt gewesen sein. Ebenso gilt es in der säkularen Gegenwart, etwa im medizinischen Bereich, die Hände auch dann zu desinfizieren, selbst wenn sie im oberflächlich hygienischen Bereich sauber wären. An diesem Beispiel wird deutlich, wie unterschiedlich die Paradigmata sein können, nach denen die Ordnung der Handlung erstellt wird.
[30] Mk. 7,2.
[31] Mk. 7,4.
[32] Mk. 7,19.

in der Apostelgeschichte. Einmal wird in Kapitel 10 erzählt, wie Petrus diese Geschichte erlebt, anschließend in Kapitel 11,2–10, wie er sie weitererzählt. Es mag die Fassung von Apg. 10,9–16 in ihrer Paraphrase genügen: Der Apostel Petrus »stieg auf das Dach, zu beten um die sechste Stunde«. In einer Vision sah er dreimal nacheinander »ein großes leinenes Tuch herabkommen …, darin waren allerlei vierfüßige und kriechende Tiere der Erde und Vögel des Himmels«. Er sollte diese essen, weigerte sich aber aufgrund der ihm bekannten Vorschriften der Tora und meinte: »Ich habe noch nie etwas Verbotenes und Unreines gegessen.« Daraufhin entgegnete ihm die himmlische Stimme: »Was Gott rein gemacht hat, das nenne du nicht verboten.« Auch diese Geschichte kann so verstanden werden, dass die Unterscheidung in der Sphäre des Verfügbaren und Nichtverfügbaren grundsätzlich als aufgehoben gilt, – zumindest aber in Bezug auf Speisen. Damit wird alles Vorhandene grundsätzlich zugleich auch zu Verfügbarem.

Damit sind Christen gegenüber Juden und Muslimen diejenigen, die davon ausgehen, dass die biblischen Speisevorschriften annulliert wurden bzw. noch weitergehend – zumindest lassen sich diese Verse so verstehen –, dass diese Unterscheidung nur von Menschen gezogen sei, denn alles, was Gott erschaffen habe, sei *ohnehin* (und damit auch schon immer?) verfügbar. Es gilt also letztlich diese gesamte Dimension von *verfügbar – nicht verfügbar* im Christentum grundsätzlich als aufgehoben, selbst wenn sich etwa im orthodoxen Christentum Äthiopiens noch Speiseregeln finden lassen oder auch im klassischen römisch-katholischen Ritus der Eucharistie noch ein Anklang an kultische Unreinheit zu entdecken ist.

Das Moment der Abgrenzung durch Speiseordnung wird im Christentum allerdings genau genommen gerade nicht aufgehoben. Im Gegenteil, es wird ins Zentrum der Religion selbst verlagert. So versteht zumindest die römisch-katholische Kirche die Messe und damit auch die Eucharistie als Zentrum des Christentums.[33] Jesus selbst wird zur ewigen, Leben spendenden Speise,[34] indem er sich für die Menschheit hingibt und sich in der Transsubstantiation, dem Symbol oder auch dem Zeichen den Glaubenden zu essen gibt. Diese Speise ist allerdings nur und ausschließlich für die Glaubenden gedacht, denn nur sie sind, so das

---

[33] Vgl. dazu ausführlicher Bertram Schmitz, Vom Tempelkult zur Eucharistiefeier – Die Transformation eines Zentralsymbols aus religionswissenschaftlicher Sicht, Münster 2006, zu diesem Punkt explizit 7–11.
[34] Vgl. Joh. 6,31–58.

Verständnis der Tradition, zu dieser Speisung geladen. Entscheidend ist dabei der Begriff des Glaubenden im spezifisch christlichen Verständnis. Durchaus glauben Glieder anderer Religionen auch auf ihre je eigene Weise. Gemeint ist allerdings in diesem Fall der Glaube an Jesus als dem Christus, dem Sohn Gottes, durch dessen Wirken der Glaubende sein Heil erfährt. In diesem Glauben wird er mit ihm eine Einheit, er ist in Christus und Christus in ihm, wie es gegenständlich in der Speise des Abendmahls verwirklicht gilt. Das Brot *ist* sein Leib, der Wein sein Blut und damit seine *nefesch*.[35] In ihr nimmt der Glaubende Christus in sich auf, nachdem Christus den Glaubenden bereits in sich aufgenommen hatte.[36] Im Christentum wurde die Konnotierung gemäß der Überlieferung durch die Zentralperson der Religion, also durch Jesus, selbst vorgenommen. Dieser Prozess wird in den Überlieferungen des letzten gemeinsamen Mahls Jesu mit seinen Jüngern explizit überliefert. Bei diesem Mahl nahm Jesus das Brot und stellte die Relation oder gar symbolische Realität mit sich selbst her: »*Dies –* mein Leib.«[37] Damit vollzieht Jesus diese Konnotierung vom Brot mit sich selbst gewissermaßen in so zauberhafter Weise, dass die entsprechende lateinische Formulierung: »Hoc *est corpus meus*« als korrumpiertes *Hokuspokus* sogar in die deutsche Umgangssprache übernommen wurde. Ebenso stellt er die Konnotierung des Weines mit seinem Blut, also seiner *nefesch*, her.

Damit sind die im Titel dieser Ausführungen genannten Termini »Partizipation, Integration, Separation« bereits vorgestellt und inhaltlich angesprochen worden: Im Christentum *partizipiert* der Glaubende im Essen an dem Geschick und an der Person Jesus Christus, indem er die zu Leib und Blut gewandelten Substanzen (katholisch) von Brot und Wein in sich aufnimmt oder zumindest dessen Gegenwart symbolisch (lutherisch) bzw. zeichenhaft (reformiert) erfährt.

Durch diese zentrale Stellung des Rituals für das Glaubensleben kommt im Christentum unter den hier auszuführenden Religionen dem Essen die qualitativ höchste religiöse Konnotation, die *Partizipation*, zu. Die bzw. der Glaubende hat Anteil, er oder sie *partizipiert* an der Heilswirkung Gottes selbst, die sie je nach

---

[35] Vgl. dazu das oben in der Anmerkung bereits aus Gen. 9,4 zitierte »*nafscho – damo*«.

[36] Vgl. zu der »sakramentalen Einverleibung« Alexandre Ganoczy, Einführung in die katholische Sakramentenlehre, Darmstadt 19844, 76; sowie den gesamten, auch überkonfessionell reflektierten Abschnitt 3.3: Die Eucharistie.

[37] Religionswissenschaftlich gesehen lässt sich in diesen Worten eine klare Formel der Identifizierung finden. Das in den Übersetzungen vieler Sprachen notwendige »ist« wird Jesus, soweit diese Formel auch historisch auf ihn zurückgeht, wohl nicht gesprochen haben, denn Sprachen wie das Aramäische verlangen es nicht. Erst der für die Reformatoren entscheidende griechische Text wird dann ein solches »ist« (Griechisch: »*estin*«) eingefügt haben.

Konfession auf eine der genannten Verständnisweisen in sich aufnimmt. Aufgrund dieser Zentralstellung ist dieses Essen im Vergleich zu den anderen genannten Religionen als »*sacramentum unitatis*« nach innen hin auf die Gemeinschaft der Glaubenden bzw. das Corpus Christi im höchsten Maß *integrierend*, nach außen hin dementsprechend *separierend*.[38] Dass es historisch bedingt auch innerhalb des Christentums Teilnehmende einzelner Konfessionen voneinander separiert, liegt nicht zuletzt auch an dem je unterschiedlichen konfessionsgebundenen Gesamtverständnis, das dieser Feier zukommt. Sie gilt in allen Konfessionen zugleich als Sakrament.

Dabei wird deutlich, dass dem Christentum einerseits im Gegenüber zu Judentum und Islam die Dimension von *geeignet – nicht geeignet*, also unpräziser, aber einfacher gesagt: »rein – unrein«, grundsätzlich als annulliert gilt. Andererseits wurde von den eingangs genannten drei israelitischen Dimensionen im Christentum die des Sakramentalen verwirklicht, welche sich in den beiden anderen Religionen höchstens ansatzweise finden lässt.

Beide Punkte sind Juden und insbesondere Muslimen fremd: Obwohl Christen doch auch auf dem Fundament der Tora stehen sollten, lehren und leben sie, als wenn die in ihr genannten Speisegebote wie überhaupt diese gesamte Dimension der Fragen von Reinheit und Geeignetsein für sie keine Bedeutung hätten. Zugleich zelebrieren sie anhand des Essens eine auf eine Person bezogene Sakralität. Beides müsste auf der Grundlage der Tora in hohem Maße verwerflich sein.

Bemerkenswert sind in diesem Fall Verse aus dem Koran, die sich offensichtlich auf gerade dieses heilige Essen des Christentums beziehen. Sie finden sich in der 5. Sure, die bezeichnenderweise *al-maida*, »der Tisch«, genannt wird. Während sich am Anfang dieser Sure für den Islam wesentliche Speisevorschriften finden,[39] endet sie mit einer Auseinandersetzung über Jesu Göttlichkeit und den *Tisch*, um den ihn seine Jünger bitten, dass er ihn vom Himmel hole[40]: »Jesus, Sohn Marias, kann dein Herr uns einen Tisch vom Himmel herabsenden? ... Wir wollen davon essen, dass unser Herz Ruhe finde, wollen wissen, dass du uns die Wahrheit gesagt hast ... Gott sagte: Ich sende ihn euch hinab. Wer dann unter euch noch ungläubig ist, den strafe ich wie sonst niemanden in der Welt.« Der Koran sagt nicht explizit, dass dieser Tisch nun herabgesandt wurde. Allerdings

---

[38] Vgl. auch zur trennenden Wirkung des »einenden Sakraments« pointiert Ganoczy, Einführung, 65.
[39] Siehe oben Koran, Sure 5,3–5.
[40] Dieser gesamte Abschnitt befindet sich in Koran, Sure 5,112–120. Die Zitate werden auch an dieser Stelle nach Zirker wiedergegeben.

können die göttlichen Androhungen an die Formulierung des Paulus erinnern, dass wer zum Abendmahl ginge, prüfen solle, ob er sich nicht zum Gericht trinkt oder speist,[41] oder an die Mahnungen im Hebräerbrief[42], nicht weiterhin zu sündigen, nachdem die Entsühnung einmal vollzogen wurde. In Bezug auf das göttliche Mahl der Eucharistie-Feier sei noch auf die biblischen Bilder eschatologischer Mahl-Feiern[43] verwiesen, die dann offensichtlich in den Speisungen im Paradies einen Widerhall finden, wie sie im Koran[44] ebenso plastisch ausgemalt werden.

Im Rahmen der Speisegebote innerhalb der abrahamitischen Religionen soll noch auf zwei aktuelle Momente hingewiesen werden: Eingangs wurde aufgezeigt, dass es nach klassischer jüdischer[45] und demzufolge auch islamischer Vorstellung Gottes Entscheidung allein sei, was gegessen werden dürfe und was ausgeschlossen sei. Anfang des 20. Jahrhunderts gab es bereits von jüdischer Seite aus Versuche, auf gesundheitliche Probleme von Schweinefleisch zu verweisen und damit dem Verbot, dieses zu essen, zusätzlich einen medizinischen Sinn zu geben. Ebenso argumentiert etwa auch Ahmet Taha Sengül,[46] indem er nach den Zitaten von Sure 5,3f. 60; 6,154 ausführlich und alphabetisch geordnet auf die medizinische Gefahr von Schweinefleisch verweist: »Krankheiten, die durch Schweinefleisch hervorgerufen oder verschlimmert werden: Abszesse, Akne, Arteriosklerose, Arthritis, Arthrosen, Ausfluss« etc. – wobei wahrscheinlich zunächst einmal die ersten beiden auf Jugendliche abschreckend wirken könnten.

Aus einem anderen Grunde bemerkenswert ist ein neues jüdisches Koscher-Siegel, das Magen Tzedek als Gütesiegel für eine auch ethisch abgesicherte Korrektheit der *Kaschrut*, die die Arbeitssituation der Hersteller oder die Lebensumstände der Tiere mit berücksichtigt, ansieht. Dabei beruft sich Magen Tzedek letztlich ebenfalls auf Tora-Gebote, die bisher eher in den Hintergrund getreten

---

[41] 1. Kor. 11,29.
[42] Vgl. Hebr. 10,26–30.
[43] Vgl. z. B. Mt. 22,1.14; 25,1–13.
[44] Vgl. z. B. Koran, Sure 83,22–28.
[45] Das Progressive Judentum legt in dieser Hinsicht die letzte Entscheidung weitgehend in das Gewissen der einzelnen Jüdin bzw. des Juden. Bemerkenswert ist dabei wiederum der Kommentar, den Romain/Homolka spezifisch zum Essen von Schweinefleisch geben. Dieser zeigt eine neuere Perspektive einer *religionskonfrontativen* Begründung auf: »Bei einigen Elementen der *Kaschrut* kommt eine historische Dimension hinzu, weil Juden denen Widerstand leisteten, die das Judentum vernichten wollten und sie zwangen, Schweinefleisch zu essen, angefangen von der Zeit der Makkabäer bis zum Naziregime.« (Romain/Homolka, Progressives Judentum, 138).
[46] Ahmet Taha Sengül, Islam – Wegweiser für Jugendliche, Osnabrück 2009, 186f.

waren. Moralische Dimensionen dieser Gebote kamen allerdings bereits bei Philo von Alexandrien in den Blick.[47]

3. Religionen indischen Ursprungs

Abschließend soll die Frage nach den Speiseregelungen bei den Religionen Indiens in den Blick genommen werden. Dies gilt insbesondere, nach einer Bemerkung zum Jainismus, für den Hinduismus und Buddhismus.

3.1 Jainismus

Der ebenfalls aus Indien stammende und weitestgehend auf diesen Subkontinent beschränkte Jainismus lässt sich in Bezug auf die Speiseordnungen gegenüber den beiden bekannteren Religionen mit wenigen Worten beschreiben. Durch den als absolut und eigentlich kompromisslos verstandenen Gedanken der *ahimsa*, der Gewaltlosigkeit, wird deutlich, dass das Töten und eigentlich auch das Verspeisen jeglicher tierischer Lebewesen ausgeschlossen wird. Selbst ein Insekt verunreinigt die Speise eines Mönches oder einer Nonne für einen gesamten Tag.[48]

3.2 Buddhismus

Wahrscheinlich steht die dezidierte Befürwortung des Vegetarismus im Buddhismus historisch gesehen in Beziehung zu den Jains. Die wohl älteste Überlieferung des Lebensendes von Siddhartha Gautama nahm im Mahaparinirvana-Sutra keinen Anstoß am Fleischverzehr. Es ist möglich, dass Siddhartha gemäß der Überlieferung in seinen letzten Wochen an einem verdorbenen Fleischgericht erkrankte, das ihm der Schmied Cunda gegeben haben soll.[49] Das eigentliche

---

[47] Vgl. zu dieser ethischen Dimension auch die entsprechenden Ausführungen zu den *Kaschrut* bei Romain/Homolka, Progressives Judentum, 140f.

[48] Die in dem Werk Neun Leben von William Dalrymple, Berlin 2012, dargestellte Biografie der Nonne Rekha (Prasanna Mataji, geb. 1972 in Raipur/Chhattisgarh) gibt davon ein anschauliches Beispiel.

[49] Diese Episode wird im Abschnitt 26 des Mahaparinirvana-Sutras dargelegt. Es ist allerdings nicht genau zu klären, ob es sich bei der in Vers 12 bzw. 15 ergänzten (!) Speise um »leckere Brustbeeren« gehandelt habe, so die Übersetzung von Claudia Weber, Buddhistische Sutras – Das Leben des Buddha in Quellentexten, München 1999, 171f.; vgl. zu ihren Belegen die Anmerkungen 197 und 199; oder um Schweinefleisch, wie Ulrich Schneider, Der Buddhismus – Eine Einführung, Darmstadt 1997⁴, 33, ausführt: Die erneute Krankheitsattacke »setzt ein nach dem (letzten) Mahl, das er [scl. Siddhartha Gaut-

Thema ist im Buddhismus letztlich nicht der Gegenstand an sich, d. h. in diesem Fall das Fleisch. Entscheidend ist vielmehr der mit dem Akt des Tötens verbundene Einfluss auf das Karma des je Einzelnen, sei es des Metzgers, der diese Tat vollzogen hat und an ihr anhaftet, sei es des Essenden, der sich die karmische Konsequenz dieser Gewalthandlung einverleibt. Damit wäre das *Essen* selbst letztlich nicht konnotiert, weder als Gegenstand der Speise noch als Vorgang des Aufessens. Vielmehr geht es um einen inneren Kausalitätszusammenhang von Beziehung und Anhaften, in diesem Fall sogar in dezidiert destruktiver Form. In bestimmten Regionen des Buddhismus lässt sich aus äußeren Gründen die Tötung von Tieren kaum vermeiden. Dies ist etwa in Tibet der Fall. Daran lässt sich zeigen, dass es sich nicht um ein definitives *Gebot* handeln kann, Tieren das Leben zu nehmen. Es geht vielmehr um ein definitives *Gesetz* von Handlung, ja schon von Absicht und deren Folge. Die Absicht ruft in der Person eine Wirkung hervor, in diesem Fall des negativen, destruktiven Anhaftens, zumeist mit Folgeerscheinung. Oder die Wirkung wird schon als der Absicht *inhärent* angesehen und in der Verwirklichung der Absicht durch Handlung vertieft.

Damit zeigt sich eine weitere Perspektive, die gegenüber dem religiösen Aspekt des Essens eingenommen werden kann. Sie kommt allerdings letztlich weder dem Essensgegenstand noch dem Vorgang des Essens zu. Sie betrifft den Prozess, durch den das Fleischgericht bereitgestellt wird. Dieser Prozess ist mit Destruktion verbunden und dadurch dem gesamten Vorgang von der Tötung bis zum Verzehr von Fleisch inhärent. Damit verbindet sich diese Perspektive im Buddhismus mit dem *ahimsa*-Gedanken der Jains.

3.3 Hinduismus

Als Letztes sollen die Speiseordnungen im Hinduismus angesprochen werden. Noch einmal treten weitere Perspektiven hinzu, auch wenn zumindest ab der Zeit des klassischen Hinduismus in diesem Konglomerat religiöser, als hinduistisch

---

ama] bei Cunda in Papa einnimmt und sie ist auf den Genuss von ›Schweine-Weich‹ (sukara-maddava) zurückzuführen«. Zu dieser Stelle ergänzt Schneider in seiner Anmerkung: »Es ist heute ganz klar, daß es sich um Schweinefleisch handelt – und hätte eigentlich immer klar sein müssen, da sogar der älteste buddhistische Kommentator zu dieser Stelle daran keinen Anstoß nahm.« Was die weitere buddhistische Auslegungsgeschichte angeht, fährt Schneider allerdings fort: »Da späteren Generationen von Buddhisten, die strengem Vegetarismus huldigen, jedwedes Fleischessen anstößig, ja unbegreiflich sein musste, ist es kein Wunder, daß von ihnen nicht nur das Schweinefleisch um- oder sogar hinweginterpretiert wurde, sondern auch Cunda, der Gastgeber des Fleischgerichts, ins Zwielicht geriet.« (A. a. O. 36)

zusammengefasster Strömungen der Gedanke des *ahimsa* bleibt bzw. offensichtlich durch Jainismus und Buddhismus aufgenommen wurde.[50] Allerdings führte das Moment des Vegetarismus keinesfalls zu einem Fleischverzicht für alle Hindus. Die weiteren Perspektiven, die etwa Axel Michaels in seinem Klassiker *Der Hinduismus* aufzeigt, sind vor allem, dass erstens das Essen zur Festigung von Gemeinschaftsgrenzen verwendet wird und dass zweitens innerhalb dieser Gemeinschaften dann wiederum bestimmte mehr oder weniger definitive Regeln gelten, was gegessen wird. In beiden Fällen geht es bei Speise um den religiös-gesellschaftlich geregelten Umgang mit Speisen, nicht eigentlich um deren Konnotation selbst. Aus diesem Grund behandelt Michaels die »Speisung« unter »soziale Kontakte« im Kapitel »Das Sozialsystem«.[51]

Die erste Perspektive bezieht sich auf das gesellschaftliche Miteinander und darauf, wer von wem welche Art von Essen annehmen darf. Dabei findet sich grundsätzlich eine einfache hierarchische Linie, die sich am einfachsten folgendermaßen definieren lässt: Diejenigen, die nach religionskultischen Vorstellungen einer niedrigen Gemeinschaft angehören, dürfen jeweils von allen anderen Gleichgestellten oder Höheren Speise annehmen.

Umgekehrt ist die Annahme von Speise, die kontaminiert werden kann, ausgeschlossen. Abgepacktes Wasser z. B. ist geschlossen und kann auf diese Weise nicht kontaminiert werden, im Restaurant oder bei Besuchen angebotene offen präsentierte Speise hingegen schon. Aus diesem Grund gibt es viele Brahmanen, die Restaurants führen und dementsprechende Köche anstellen, denn bei ihnen können alle Gäste Speisen zu sich nehmen. Eine interessante Ausnahme, die aber der internen Logik folgt, bildet das *prasada*.[52] Dies ist Speise, die während eines Tempel-Rituals, einer *puja*, der jeweiligen Gottheit gereicht wurde. Diese habe die Speise in sich als Gabe aufgenommen und gibt sie als geweihte Gegengabe dem Spender wieder zurück. Eine solche Speise kann nun von allen gegessen werden, unabhängig davon, wer sie ursprünglich gereicht hat, denn durch die Gottheit wurde sie im höchsten Maße gereinigt und geweiht. In diesem Bereich finden so vielfältige Unterscheidungen statt, dass Michaels trotz allen an sich weiterführenden Versuchen der Systematik betont: »Überhaupt lässt sich in be-

---

[50] So bemerkt etwa Axel Michaels, Der Hinduismus, München 1998/2006, 231, dass der Vegetarismus in »der frühvedischen Religion fehlt«. So kannte diese frühe Phase sowohl den Verzehr von Fleisch wie auch Fleischopfer, nicht zuletzt das bedeutende königliche »Pferdeopfer«.

[51] Vgl. a. a. O. »Speisung«, 199–204, als Unterpunkt zu »IV. Das Sozialsystem, 6. Soziale Kontakte – Begrüßung, Berührung, Speisung, Reinheit und Unreinheit.

[52] Vgl. a. a. O. 269f. sowie 356.

zug auf die Kommensalität kaum etwas verallgemeinern. Alter, Status und Geschlecht der kochenden, servierenden und speisenden Personen sind ebenso zu berücksichtigen wie Zeitpunkt und Ort, sowie Kochgeschirr und die Nahrungsmittel selbst. So muss die Küche ein getrennter Bereich sein, geschützt vor Fremden, Tieren und Geistern. Sie wird vor und nach dem Essen täglich gereinigt, nicht selten zusätzlich mit Kuhdung purifiziert.«[53] Dabei werden die tierischen wie auch die pflanzlichen Nahrungsmittel und Zubereitungsarten nach der Wirkung, die sie hervorrufen, noch einmal in sogenannte warme und kalte Speisen unterteilt, wobei etwa Milch, Ananas oder Honig zu den kalten, Mango, Hirse oder Fisch zu den warmen Speisen gehören sollen.[54]

4. Resümee

So umfangreich die letzte Aufzählung zu Unterscheidungen im Hinduismus auch sein mag, alle diese dazu genannten Kriterien finden sich so in den abrahamitischen Religionen nicht wieder, noch gelten die Kriterien dieser Religionen für den Hinduismus. Im Buddhismus wiederum spielen die Faktoren beider Religionsfamilien praktisch keine Rolle.

Daran zeigt sich noch einmal deutlich, dass das Essen *nicht an sich konnotiert ist*, sondern je nach Religionsgemeinschaft mehr oder weniger aktiv und bewusst mit spezifischen Konnotationen versehen wird: Christentum und Buddhismus zeichnen sich insofern von den anderen genannten Religionen dadurch aus, dass jeweils aktiv nur eine minimalisierte Konnotierung vorgenommen wurde. Doch auch in diesen beiden Fällen gestaltet sich diese Konnotierung extrem unterschiedlich: Zunächst heben zwar beide Religionen die differenzierenden Unterschiede und Ebenen ihrer Relationsreligionen, Judentum bzw. Hinduismus, auf. Dann aber betont das Christentum das Essen als fundamentales, sakramentales Ritual, in dem der Glaubende durch eine spezifische, gestiftete Essenszeremonie mit dem Zentrum seiner Religion vereinigt wird und an diesem partizipiert: an Jesus Christus, der Sündenvergebung und der Erlösung. Der Buddhismus hingegen betont den Kausalnexus von Tat und Folge, der bei jedem Verspeisen von tierischem Leben auf die beteiligten Personen einwirkt.

[53] A. a. O. 200.
[54] Vgl. a. a. O. 202.

Im Hinduismus spielen auch gesellschaftliche Faktoren eine Rolle und dessen System erscheint als das komplexeste. Dieses Moment der Diversität findet durchaus eine Analogie in der Vielfalt hinduistischer Strömungen und Ausrichtungen, sodass mitunter auch angeraten wurde, von »Hinduismen«[55] zu sprechen.

Das Judentum betont besonders die Unterscheidung von *geeignet – ungeeignet* und teilt dabei alle in der Religion des Alten Israels bekannten Tiere in eine dieser beiden Abteilungen ein. Doch auch bei den (zum Verzehr) geeigneten Tieren darf deren *nefesch* und damit – als physische Komponente dieser *nefesch* – deren Blut keinesfalls mitverspeist werden, weil sie Gott als deren Schöpfer allein gehöre. Der Islam setzt, wie erwähnt, die Regeln voraus, die bereits dem Alten Israel gegeben wurden, reduziert sie aber auf das seiner Meinung nach eigentlich von Gott Gemeinte, wobei im Koran namentlich nur das Schwein genannt wird, das zu essen verboten wird. Woher die Konnotierungen in diesen drei Religionen stammen, lässt sich aus religionsgeschichtlich-kritischer Sicht kaum sicher herausstellen. Gerade in Bezug auf das Verbot des Schweinefleisches lässt nicht zuletzt die Vielzahl der an sich überzeugenden Thesen keine als wirklich vertrauenswürdig erscheinen.[56] Die Vorstellung von Blut als Lebenssubstanz wird in sich allerdings auch denjenigen zumindest gedanklich nachvollziehbar sein, die ihr inhaltlich nicht zustimmen. Mehr noch überzeugend ist der Gedanke, dass die Voraussetzung für den Genuss von Fleischprodukten darin besteht, dass einem Tier das Leben genommen wurde.

Den je eigenen Speisegeboten und deren dahinter liegenden Vorstellungen der jeweiligen Gemeinschaft liegt grundsätzlich etwas Spezifisches zugrunde, das damit gesellschaftlich nach außen separiert, nach innen integriert: *Die anderen essen nicht so wie wir.* Das Christentum sieht zwar grundsätzlich vor, mit allen anderen gemeinsam zu essen, enthält aber sein zentrales Essensritual der Partizipation als Sakrament allen Nichtchristen grundsätzlich vor. Das Judentum hat seine sehr differenzierten Regeln, durch die zwar andere an deren Mahl teilnehmen können, aber nur eine begrenzte Auswahl an Gerichten zur Verfügung steht,

---

[55] Vgl. den a. a. O. 35 angegebenen, aber m. E. mit Recht zurückgewiesenen Vorschlag von H. v. Stietencron, in Bezug auf den Hinduismus von »verschiedene[n] Religionen« zu sprechen.

[56] Vgl. dazu etwa die Erörterungen von Staubli, Levitikus, 102–105. Vgl. als aktuellen Bezug etwa die kurze Diskussion in Roland Gradwohl, Frag den Rabbi – Streiflichter zum Judentum, Stuttgart 1995², 22: »Was kann das Schweinchen dafür?« Er verweist vor allem auf historische Momente, in diesem Zusammenhang aber auch auf den medizinischen Aspekt, zitiert dann abschließend mit Sifra zu 3. Moses 20,26 die Weisen, die lehren: »Man sage nicht ›Ich esse kein Schweinefleisch, weil es nicht gesund ist oder ich keine Lust dazu habe.‹ Man sage vielmehr: ›Ich begehre es, doch was kann ich tun, wenn mein Vater im Himmel es mir verboten hat‹.«

wenn Juden mit anderen essen.[57] Ebenfalls können in der Praxis die Regeln des Islams so akribisch ausgelegt werden, dass schon eine homöopathische Dosis von Berührung mit Alkohol oder Schweinefleisch oder die Möglichkeit, dass das Fleisch in irgendeiner Weise nicht *halal* sein könnte, eine Mauer schaffen, die allerdings in den meisten Fällen der Praxis nicht aktiviert wird, insbesondere, wenn es sich um vegetarische Kost handelt. Beim Hinduismus kann jeder *Außenstehende* grundsätzlich an den Mahlzeiten teilnehmen. Gerade bei der explizit religiös konnotierten *prasada* werden vielfach auch Nicht-Hindus explizit zum Mitspeisen eingeladen. Jedoch ist, wie angesprochen, *intern* eine Ausdifferenzierung von Gruppierungen gerade im Bereich des Essens in ebenso hohem Maße ausgestaltet wie bei der Geschlechtlichkeit. Gerade in diesen durch Kontaminierung im Sinn kultischer Unreinheit höchst gefährdeten Bereichen des Essens und der Sexualität kommt das System von Gotras, Jatis und Varnas, was oft undifferenziert mit »Kaste« wiedergegeben wird, im eigentlichen Sinn zum Tragen.

Somit kann Essen als Nahrung selbst und auch als Prozess der Nahrungsgestaltung und -aufnahme zunächst und an sich als neutrale Ansammlung von Faktoren verstanden werden, die *durch die Realität der Religionsgeschichte zu einer Form von Sprache gemacht* und dabei mit Konnotationen belegt wurde. Erst ab der Neuzeit tritt auch eine neue, internationale und übergreifende Sprachlichkeit in Bezug auf das Essen hinzu, die der Gesundheit. Diese kann ergänzt werden durch die Fragen nach den Kosten des Produkts, nach ökologischem oder fairem Anbau und Vertrieb, nach *Land Grabbing* und Monopolisierung, Neuzüchtung und Genmanipulation, aber auch nach den ständig wachsenden Allergien gegen spezifische Lebensmittel oder deren Bestandteile. Lebensmittel werden dadurch mit neuen Etiketten versehen, die der gerade erworbenen säkularen Freiheit, einfach essen zu können und zu dürfen, was einem schmeckt oder woraufhin man sozialisiert wurde, wieder neue Strukturen und Konnotationen geben.

(Prof. Dr. Dr. Bertram Schmitz ist Professor für Religionswissenschaft und Interkulturelle Theologie an der Universität Jena)

---

[57] Vgl. hierzu – allerdings kritisch – explizit Romain/Homolka, Progressives Judentum, 139: »In orthodoxen Kreisen ist ein übliches Argument für [!] die Kaschrut, sie verhindere soziale Kontakte mit nichtjüdischen Menschen und verringere daher [auch] die Wahrscheinlichkeit gemischtreligiöser Ehen.«

ABSTRACT

This paper shows, with the focus on the so-called world religions, in which way the factor of food leads to participation, integration and separation. For a starting point it is to clarify that all kinds of food do not include by themselves an inherent factor of connotation. So they can be connoted according to the system of any special religion. The Chinese religions don't make much use of these connotations, but nevertheless have a high culture by preparing food and eating. The Abrahamic religions stand on the foundation of the Torah which separates the part which may be used (for eating, touching and so on) from the part which – by gods order – should not be used (may be only in specific moments, aspects or circumstances). In Judaism these rules were more elaborated, in Islam more simplified (except the prohibition of alcohol). In Christianity they are on one side annihilated, on the other side the eating of the last supper became the ritualistic centre of the religion whose members are participating in God but are excluding all non-Christians. Concerning the religions of Indian origin Hinduism presents a complicated social system of who is allowed to eat with whom and which meal fits for which caste. At least Buddhism stressed the meaning of *karma*, because eating of meat is necessarily connected to killing. Discussing these aspects the paper shows that even if some rules for food and eating seem to be similar in these mentioned religions, they are not only different but also laying on different levels in different spheres. Nowadays secular questions not only of taste but also of health, ethics or fair trade become for many people more important for their own and individual restrictions concerning the choice of their food

Heiliges Essen im Sikhismus – Gastfreundschaft über Grenzen hinweg

Gudrun Löwner

1. Einführung in den Sikhismus

Der Sikhismus ist die jüngste indische Weltreligion. Immer wieder wird sie als »Produkt eines islamisch-hinduistischen Synkretismus bezeichnet«[1], was aber nicht dem modernen Selbstverständnis entspricht, in dem die sikhistische Eigenidentität betont wird und man sich selbst als Opfer von Islam und Hinduismus sieht. Der Beginn des Sikhismus wird häufig mit dem ersten aus den hinduistischen Religionen stammenden Guru, Guru Nanak (1469–1539), verbunden, aber noch stärker mit der Etablierung von *khalsa*, der Sikh-Initiation durch Guru Gobind Singh im Jahre 1699. »Guru Gobind Singh gave a new shape to the Sikh religion by imposing a distinct individual and corporate identity to the *Panth*.«[2]

Zum Sikhismus bekennen sich laut dem letzten Zensus von 2011 in Indien 20 833 116 Personen, davon wohnen ca. 58 % im Punjab, weitere signifikante Gruppen in Delhi und Haryana. Der Rest ist über ganz Indien verstreut. Etwa 25 % der Sikhs wohnen in Städten, die Mehrheit im dörflichen Bereich. Sie machen 1,72 % der indischen Bevölkerung aus.[3] Der Anteil der Frauen ist signifikant geringer als der der Männer:[4] knapp 11 Millionen Männer zu knapp 10

---

[1] Martin Kämpchen (Hg.), Aus dem Guru Granth Sahib und anderen Heiligen Schriften der Sikhs, Berlin 2011, 205.

[2] Sashia Bala, Sikhism: Growth in the Second Millennium, in: Journal of Dharma (2001), 517. Unter *panth* versteht man den Weg des Gurus, heutzutage auch einfach die Gemeinschaft der Sikhs.

[3] http://www.census2011.co.in (28. 8. 2016).

[4] Obwohl die Gurus endlos dagegen angekämpft haben, ist bis heute bedingt durch die erhebliche Mitgift das archaische Denken verbreitet, in dem Mädchen bei der Geburt als »Stein« angesehen werden, als »schwere Last für die Familie«. Waris Shah schreibt: »Why did we not strangle her at birth? Why did we not give her a drop of poison, which today would have been our savior? Why did we not drop her

Millionen Frauen. Außerdem gibt es eine bedeutende Gruppe von Sikhs in der Diaspora. Ein populäres Sprichwort beschreibt ihre Mobilität so: »When Armstrong landed on the moon he found a Sikh selling tea there.«[5] Die Mobilität begann in der Kolonialzeit, als Sikhs im Dienste der Briten für den Eisenbahnbau nach Afrika gingen. Dies setzte sich fort mit der Migration in englischsprachige Länder wie Großbritannien, Australien, die USA und insbesondere Kanada mit einer liberalen Visapolitik. Seit den 1970er Jahren gibt es zunehmend Migration nach Italien (besonders Landwirtschaft – Büffel-Mozzarella) und nach Deutschland (Gastronomie), aber auch in asiatische Länder wie Thailand. Man nimmt an, dass es mindestens zwei Millionen permanent in der Diaspora lebende Sikhs gibt, davon im Jahre 2012 etwa 450 000 in Kanada, 432.429 in England,[6] 70 000 in Italien und 45 000 in Deutschland,[7] besonders in Berlin, Köln, Frankfurt, Hamburg und Stuttgart. Weitere Sikhs sind in den Golfstaaten als Wanderarbeiter tätig. Gurinder Singh Mann schätzt 25 Millionen Sikhs, von denen sich 25–30 % außerhalb des Punjabs aufhalten.[8]

2. Kasten im Sikhismus

Obwohl sich moderne Bücher über den Sikhismus geradezu überschlagen zu betonen, wie wichtig den Sikhs Gleichheit und die Überwindung von Kastengrenzen sind,[9] so zeigt doch der Blick in die Vergangenheit, dass die Implementierung dieser Werte trotz des gemeinsamen Essens (*langar*) nur teilweise verwirklicht ist. Kasten sind ein heikles Thema im Dialog mit Sikhs, da sie sich gerne in dieser Frage von Hindus abheben. Der berühmte Sikh-Schriftsteller

---

in some deep well? Why did we not float her away in the river …?« Zitiert nach Nikky-Guninder Kaur Singh, My Dinner in Calgary: Sikh Diaspora in the Making, in: Michael Hawley (Hg.), Sikh Diaspora: Theory, Agency, and Experience, Leiden/Boston 2013, 95.

[5] Clarence O. McMullen, Operative Sikh Beliefs and Practices, in: Dharma Deepika (Juni 1998), 14.

[6] Laut Zensus 2011.

[7] So teilweise geschätzt in Pashaura Singh/Louis E. Fenech, The Oxford Handbook of Sikh Studies, Oxford 2014, 548.

[8] Gurinder Singh Mann, Conversion to Sikhism, in: Lewis R. Ambo/Charles E. Farhadian (Hg.), The Oxford Handbook of Religious Conversion, Oxford 2014, 502.

[9] »Sikhism lays great emphasis on the ethnic equality of man. Each human being is declared to be, in essence, the same: none is higher or lower than the other … All differences between man and man on the basis of caste, colour or creed are only man-made, without any divine sanction behind them. The real worth of a person depends not on his caste or creed but on his deeds.« Dharam Singh, Human Harmony through Sangat and Pangat, in: Journal of Dharma XXII (2/1997), 191.

Kushwant Singh (1915–2014) schrieb mit Recht, dass es dem Sikhismus nicht vollständig gelungen ist, das Stigma der Unberührbarkeit auszurotten, aber definitiv geht es Sikh-Dalits besser als Hindu- oder Muslim-Dalits.[10] Alle zehn Gurus haben sich wiederholt gegen das Kastenwesen ausgesprochen, z. B. Guru Nanak in den häufig zitierten Worten: »Worthless is caste and worthless an exalted name. For all mankind there is but a single refuge.«[11] Guru Nanak war auf der Suche nach Erlösung, die man seiner Meinung nach durch »heiliges Leben«, aber nicht durch Askese, Rituale oder Kastenzugehörigkeit erlangen konnte.[12]

Der fünfte Guru Arjan nahm in das heilige Buch der Sikhs, *Adi Granth* genannt, Schriften auf von Kabir, einem niedrigkastigen Weber (Julala), von Ravidas, einem unberührbaren (Dalit, Chamar) Gerber, die beide in ihren Texten stark von der Bhakti-Frömmigkeit inspiriert waren, sowie von Namdev, einem niedrigkastigen (Chhimba) Stoffdrucker.[13]

Die ersten Initiationsriten als Anhänger eines lebendigen Gurus begannen mit Guru Nanak Dev (1469–1539). »Only on receiving initiation from the Guru can a disciple call himself a Sikh« (Bhai Gurdas, Var 11, Pauri 3). Derjenige, der initiiert werden sollte, musste *charn amrit* trinken, was wörtlich Fuß-Nektar heißt. Gemeint war damit, dass Wasser über die Füße des Gurus geschüttet wurde, welches in einer Schüssel aufgefangen und dann als Teil des Ritus getrunken werden musste.[14] Mit diesem Ritual waren verschiedene Gelübde verbunden. *Charn amrit* war und ist in der Hindu-Gesellschaft allgemein verbreitet als Wasser, besonders Ganges-Wasser, aber auch als Milch gemischt mit Joghurt und Zucker, was über die Götter nach dem Aufwecken geschüttet wird und über ihre Lotus-Füße läuft. Dieser *charn amrit* wird dann aufgefangen und löffelweise als segensspendend an die Gläubigen verteilt. Ähnliches passiert im Familien-*puja* zu Hause. Im Sikhismus handelte es sich aber um einen lebenden Guru, der damit quasi zum Gott wurde, und gleichzeitig war das Trinken von Fuß-Wasser eines lebenden Menschen ein Durchbrechen aller hinduistischen Reinheitsideale.[15]

---

[10] Kushwant Singh, The Illustrated History of the Sikhs, New Delhi 2006, 126.
[11] Var Sri Ragu 3:1, Adi Granth, zitiert nach W. H. McLeod, The Evolution of the Sikh Community, New Delhi Nachdruck 2009⁵ (1976), 85.
[12] A. a. O.
[13] A. a. O. 86.
[14] W. Owen Cole/Piara Singh Sambhi, The Sikhs. Their Religious Beliefs and Practices, New Delhi 1978, 123.
[15] Bis heute gelten Füße in der indischen Gesellschaft als unrein, aber die Ambivalenz zeigt sich, dass man, z. B., wenn man nach Amerika fliegt oder bevor man heiratet, beim Abschied die Füße der Eltern berührt

Um herauszufinden, wer als nächster Guru geeignet sei, unterzog Guru Nanak seine Anhänger einer Prüfung. Zum Schluss blieben nur zwei Sikhs übrig, die einen stinkenden Toten unter einer Decke sahen, und eine Stimme erklang, die sprach:»Ist jemand da, der ihn isst?«[16] Der eine Sikh wandte sein Gesicht ab und spie aus, der andere fragte:»Herr, von welcher Seite soll ich hineinbeißen?« Die Antwort war:»Mache dich mit dem Mund an die Füße heran.« Da zog Lahina das Tuch von der angeblichen Leiche und sah den schlafenden Guru Nanak. Lahina wurde daraufhin umbenannt in Guru Angad,»der aus deinen Körpergliedern hervorgehen wird«, und zum Nachfolger bestimmt.[17] In dieser Hagiographie wird die Bereitschaft zum Essen der Füße eines Toten, etwas total Verunreinigendes, zum Qualifizierungsmerkmal, um die Nachfolge des Gurus anzutreten.

Wir wissen nicht genau, warum Guru Gobind Singh das Ritual von *charn amrit* änderte. Mir scheint, dass er ein Ritual wollte, das sich stärker vom Hinduismus abgrenzte, unabhängig von einem Guru war und universal von allen initiierten Sikhs angewandt werden konnte, um die Verbreitung des Sikhismus zu beschleunigen und den Ritus zu entpersonalisieren.

Guru Gobind Singh führte 1699 den *khalsa*-Ritus, auch Taufritus der Sikhs genannt, ein. Gemäß der Tradition gehörten die ersten fünf Männer (*panj piyare*), die diesen Ritus durchmachten, zu fünf verschiedenen Kasten. Man glaubt, dass die hohe Khatri-Kaste, die Kaste des Gurus, genauso vertreten war wie die Jat-Kaste, aber auch ein Wäscher und ein Barbier, die sehr niedrigen Kasten angehörten.[18] Diese fünf Männer waren alle bereit, ihr Leben für den Guru zu opfern, aber der Guru tötete sie nicht, obwohl es so aussah, wenn er mit einem blutigen Schwert wiederkam, sondern führte einen nach dem anderen hinter eine Wand, wo dann der Ritus vollzogen wurde. Höhepunkt des Ritus ist, dass alle fünf und heute eben die Anzahl der jeweils Initiierten *amrit* (Zuckerwasser) aus einer gemeinsamen Schüssel trinken, nachdem der Zucker durch Umrühren mittels eines zweischneidigen stählernen Schwertes im Wasser aufgelöst worden ist.[19] Es ist wichtig zu bemerken, dass bei diesem Ritus die Frau von Gobind Singh dabei war und die Zuckerkristalle in das Wasser warf.[20] Obwohl nur Männer initiiert

---

als Zeichen der höchsten Ehrerbietung. Ähnlich berührt man die Füße von lebenden Gurus, küsst sie auch oder auch Fußabdrücke wie die vom Buddha in Bodh Gaya; a. a. O. 123.

[16] Kämpchen, (Hg.), Aus dem Guru Granth Sahib, 119.

[17] A. a. O.

[18] Pashaura Singh, (Hg.), Sikhism in Global Context, New Delhi 2011, 170.

[19] Kämpchen, (Hg.), Aus dem Guru Granth Sahib, 199.

[20] Owen Cole/Singh Sambhi, The Sikhs, 142.

wurden (heute auch Frauen), war gemäß dem Hinduismus allein durch ihre Anwesenheit der gesamte Ritus verunreinigt. Hier unterscheiden sich die Sikhs signifikant von den Hindus. Obwohl sie auch ein eher traditionelles Verständnis von der Rolle der Frau haben, glauben sie nicht an Verunreinigung durch Geburt oder Menstruation.

Im Anschluss daran aßen und essen alle *karah prasad*, das heilige Essen der Sikhs, aus einer eisernen Schüssel. Ähnlichkeiten zum Abendmahl drängen sich auf. Jedoch sind nur eine Minderheit der Sikhs *khalsa*-Sikhs oder *amritdhari*-Sikhs, da dies einen strengeren Lebensstil verlangt als bei den anderen Sikhs. In dem *khalsa*-Initiationsritus ist der Höhepunkt des Durchbrechens der Kasten in revolutionärer Weise erreicht. Hier wird der »demokratische Geist« dieser Religion besonders deutlich.[21] Die Regeln, die die *khalsa*-Sikhs von nun an beachten mussten, wurden im 19. Jahrhundert durch Gian Singh wie folgt beschrieben:

> From today you belong to the Sodhi lineage of the Khatri caste of the Khalsa. Your name is Singh and your abode is Anandpur. Your birth-place is Kesgarh, you are the sons of the one Guru, and you have abandoned your previous status. Agriculture, trade, warfare, or the work of the pen are the four kinds of life to lead. Never be slaves, never beg, take no gifts, and do not have fellowship with unbelievers. Do not observe differences of caste. … Serve those sadhs who are Sikhs, care for the poor, and always listen to readings from the scripture.[22]

Wenn wir die Kastenzugehörigkeit der zehn Gurus betrachten, fällt auf, dass sie alle zur sehr geachteten hohen Kaste der *khatrizat* (Kaufmanns-Kaste) gehörten. Sie heirateten auch alle in derselben Kaste, wechselten lediglich die Untergruppen, da man nicht in dieselbe Untergruppe, *got* genannt, heiraten darf. So erstaunt es nicht, dass die ersten Anhänger, die sich um die Gurus sammelten, zu der Khatri-Kaste gehörten. Aber schon in der Zeit der Gurus wurde eine weitere Kaste prominent unter den Anhängern, nämlich die Jats.

Im 17. und 18. Jahrhundert nahm die Anzahl der Jats ständig zu. Brahmanen waren nur sehr selten zu sehen, denn der gleichmachende Ritus des *amrit*-Trinkens aus dem gleichen Gefäß war für sie äußerst abschreckend wie auch teilweise für Khatri-Kastenangehörige. Erst durch einen im Jahre 1881 von den Briten durchgeführten Zensus haben wir eine genaue Übersicht. In dem Zensus be-

---

[21] Shashi Bala, Sikhism: Growth in the Second Millennium, in: Journal of Dharma (2001), 520.
[22] W. H. McLeod, Sikhs of the Khalsa. A History of the Khalsa Rahit, New Delhi 2011², 47.

kannten sich 1.706.909 Personen als *khalsa*-Sikhs, davon 66 % Jats, 6,5 % Tarkans (Schreiner-Kaste) sowie zwei Dalit-Gruppen, nämlich die Chamars mit 5,6 % und die Chuhras mit 2,6 %. Die Khatri-Kaste der Gurus war auf einen Anteil von lediglich 2,2 %[23] geschrumpft. Die Jats sind eine Kaste, die primär in der Landwirtschaft tätig war und durch die Briten Zugang zur Armee fand durch ihre Zugehörigkeit zum Sikhismus, denn sie galten als gute Krieger. Sie hatten traditionell keinen hohen Status und sind willig »to perform tasks which others would consider demeaning«[24]. Es steht außer Frage, dass die Jats sich im Gegensatz zu den Khatri-Kastenanhängern zu großen Teilen in den *khalsa*-Bund haben aufnehmen lassen und stolz die 5 Ks, die Symbole der Heiligkeit, tragen, nämlich *keshas* (ungeschnittene Haare), *kangha* (Kamm), *kara* (Armreif aus Stahl), *kirpan* (Dolch) und *kachha* (doppelt genähte Unterhose) als Symbol des Sich-Sexuell-Beherrschen-Könnens.[25] Während man von einer sehr gut gelungenen Kastenintegration der Jats und einiger niedriger Handwerker-Kasten sprechen kann, die z. B. heutzutage durch ihre Möbelindustrie sozial aufgestiegen sind, verhält sich dies anders mit den Dalit-Gruppen.

3. Die Konversion der Dalits

Obwohl von Anfang an einige »Unberührbare«, heute Dalits genannt, bei den Sikhs dazugehörten, so waren sie nie gleichberechtigt. Als der neunte Guru Tegh Bahadur auf Anweisung des muslimischen Mogul-Herrschers Aurangzeb in Delhi enthauptet wurde, waren es drei Chuhras (Dalits), die ihr eigenes Leben wagten, um den Kopf des toten Gurus für eine würdige Verbrennung zu retten. Als Dank für diese heroische Tat wurden sie *mazhabi* (Gläubige) genannt und in den *khalsa*-Bund aufgenommen. Danach hören wir wenig von ihnen. Die Engländer sahen die kriegerischen Fähigkeiten und bildeten drei Regimenter von diesen landlosen Bauern. Von den anderen Sikhs wurden sie abschätzig betrachtet, der Zugang zu vielen Gurudwaras wurde ihnen verwehrt, und nur Schriftgelehrte aus ihrer eigenen Dalit-Gruppe kümmerten sich um sie.[26] McLeod geht sogar so

---

[23] Census of India 1881, Bd. 1, Buch 1, Lahore 1883, 108.
[24] McLeod, The Evolution of the Sikh Community, 96.
[25] Bala, Sikhism, 520.
[26] John C. B. Webster, Christians, Sikhs and the Conversion of the Dalits, in: Dharma Deepika (Juni 1998), 26.

weit zu sagen, dass den *mazhabis* der Zutritt zu den Gurudwaras deswegen verwehrt wurde, »um die Kontaminierung des heiligen Kara Prasad zu verhindern«.[27] Heiraten zwischen Dalit-Sikhs und höherkastigen Sikhs sind bis heute sehr selten und ereignen sich wenn, dann in der Diaspora.[28] Ende des 19. Jahrhunderts kam das Christentum nach Punjab, und somit eröffneten sich für die Chuhras, die durch ihre kastenmäßige Beschäftigung des Reinigens von Straßen, Toiletten etc. völlig verarmt, ausgebeutet und sozial stigmatisiert waren, neue Möglichkeiten. Parallel zu Massenbekehrungen zum Christentum, fanden Massenbekehrungen zum Sikhismus statt. 1881 waren nur 4,25 % der Chuhras im Punjab Sikhs, während 100 Jahre später bereits 77 % der Chuhras im Punjab sich zum Sikhismus bekennen.[29] Massenbekehrungen zum Christentum endeten in den 1930er Jahren. Als die Regierung ein umfangreiches Programm zur Verbesserung der Lebensbedingungen der Dalits auflegte, kam das zunächst nur den Hindu-Dalits zugute. Durch viel politisches Taktieren erreichten die Sikhs im Jahre 1956 dieselben Privilegien für die Sikh-Dalits,[30] während die christlichen und islamischen Dalits immer noch keine bevorzugte Behandlung erhalten. Neuere Untersuchungen gibt es nicht, da kein Zensus nach Kasten mehr stattfindet. Heutzutage ist auf jeden Fall im Haupttempel in Amritsar und in fast allen Gurudwaras gesichert, dass alle Sikhs, egal welcher Herkunft, und auch alle Nicht-Sikhs, Hindus, Muslime, Christen sowohl am *langar* als auch am *karah prasad* teilhaben. Selbst der Dalai Lama und Königin Elisabeth II haben *karah prasad* in Amritsar gegessen.[31] Alle Kasten und Dalits essen in Amritsar gemeinsam und leben dadurch die Vision ihres Gottes und ihrer Gurus. Was aber die Wahlen für Gremien in Gurudwaras angeht, so sind sie immer noch stark unterrepräsentiert. Teilweise haben sie eigene Gurudwaras ähnlich den Dalit-Christen mit ihren Kirchen und Friedhöfen.[32]

---

[27] W. H. McLeod, Who is a Sikh? The Problem of Sikh Identity, Oxford 1992, 69.
[28] Siehe zu neuen Heiratsregeln in der Diaspora und im Punjab, wo Heirat als »migration door« gesehen wird: Shinder S. Thandi, Shady Character, Hidden Designs, and Masked Faces: Reflections on ‚ilayati'. Sikh Marriages and Discourses of Abuse, in: Hawley (Hg.), Sikh Diaspora, 233–259.
[29] Webster, Christians, Sikhs and the Conversion of the Dalits, 27.
[30] A. a. O. 28.
[31] Fotos im Internet und im *Information Office* des Goldenen Tempels in Amritsar.
[32] Interviews in Amritsar mit *Information Officers* des Tempels.

4. Die Werte der Sikhs

Var 28 Bhai Gurdas, ein Kommentar der Schriften der Gurus, benennt die drei goldenen Regeln für das Leben der Sikhs: Jeder/jede Sikh soll seinen/ihren Lebensunterhalt durch harte, ehrliche Arbeit verdienen: *ghali khai*, soll anderen hilfreich sein: *seva karai* und die Früchte der Arbeit mit anderen teilen und den Lehren der Gurus folgen: *gur-upades*.[33] In Var 40 erläutert Bhai Gurdas, dass der wahre Sikh 10 % (*daswand*) von seinem Ertrag zu den Füßen des Gurus bringen muss für soziale Zwecke und die gemeinsame Küche. Außerdem soll der Gläubige zuerst das Essen anderen servieren und sie bedienen und selbst das essen, was übrig bleibt.[34] Hier wird schon klar, dass es im Sikhismus nicht um Almosengeben für die Armen aus dem eigenen Überfluss geht, wo Geber und Empfangender auf unterschiedlichen Stufen stehen. Im Sikhismus kann jeder/jede beide Rollen erfahren, die des Gebens und des Empfangens. Gurudwaras sind nicht nur Orte des Gottesdienstes, sondern auch »training centres for service«.[35]

Dies wird besonders deutlich in dem Konzept von *langar* (Sanskrit *amalgraha*, wörtlich übersetzt: freie Küche),[36] die zu jedem Gurudwara zwingend dazugehört, aber in der Diaspora oft nur am Sonntag in Betrieb ist.

Im Gegensatz zum Hinduismus, wo das Asketentum gefeiert wird, waren alle zehn Gurus verheiratet, und die Familie wird als die richtige Lebensform angesehen, um den Glauben zu praktizieren. *Sati*, das Töten von Mädchen und das Verschleiern der Frauen werden vehement abgelehnt.[37] Die Frauen der Gurus sind geehrt und unterstützten ihre Männer sehr. Besonders hören wir von Mata Khiwi, der Frau von Guru Anand, der *langar* institutionalisierte. Mata Khiwi leitete *langar* und »maintained a feeling of equality and asked everyone to sit together without any distinction of caste or status«.[38] Durch »Mata Khivi's generous supervision and her plentiful supply of mouth-watering *kheer* (rice pudding), the tradition of *langar* became a real feast rather than just a symbolic meal«.[39]

---

[33] James Massey, A Contemporary Look at Sikh Religion, New Delhi 2010, 103.
[34] A. a. O. 105.
[35] Parkash Singh, The Sikh Gurus and the Temple of Bread, Amritsar 1964, 7.
[36] A. a. O.
[37] Charan Singh, Ethics and Business. Evidence from Sikh Religion, in: Journal of Dharma (2013), 349. Trotzdem werden auch unter den Sikhs immer noch mehr Mädchen abgetrieben als Jungen.
[38] Ramesh Chander Dogra/Urmila Dogra, Sikh Cultural Traditions, Customs, Manners and Ceremonies, New Delhi 2013, 103.
[39] Nikky Guninder Kaur Singh, A Feminist Interpretation of Sikh Scripture, in: Singh/Fenech, The Oxford Handbook of Sikh Studies, 616.

Sikhismus lehrt eine hohe Arbeitsethik und wertet manuelle Arbeit genauso wie geistige.[40] Vieles erinnert an das von Luther gebrauchte Bild von der Besen schwingenden Magd, die Gottesdienst verrichtet. Sikhs sollen durch ihr Beispiel leiten. Nur wer mit gutem Beispiel vorangeht, darf auch predigen. Dies wird besonders deutlich bei dem ehrenamtlichen Dienst *seva*, den Männer und Frauen gleichermaßen quer durch alle Kasten und Klassen der Bevölkerung verrichten. So habe ich selbst in Amritsar Frauen mit teurem Schmuck behängt gesehen, die im Schuhhaus des heiligen Gurudwara die mitunter dreckigen Schuhe in Empfang nahmen, ins Regal stellten und die Nummer ausgaben. Solche Aufgaben würden Hindus auch im Namen der Religion niemals übernehmen. Überhaupt gelten die Gurudwaras als Übungsorte für den Dienst an der Gesellschaft: ob es um das Reinigen der Gurudwaras, das Ausschenken von Wasser oder Tee, die Küchenarbeiten, das Verteilen des Essens oder das hygienische Spülen der Metallteller, das Fegen etc. geht. Selbst wenn der heilige See gereinigt werden muss, sind Tausende von Ehrenamtlichen bereit, die Fische in Plastikcontainer zu setzen, den Schlamm auszuheben und alles zu säubern. Überall in den Gurudwaras sind Freiwillige mitunter mit Schürzen im Einsatz, viele davon Männer, und alle arbeiten Hand in Hand wie die Heinzelmännchen, schnippeln Gemüse, schleppen Getreidesäcke, wiegen Gewürze ab etc., eine Meisterleistung der Logistik.[41] Nur einige bezahlte Angestellte sind zuständig für die Koordinierung der Gewichte entsprechend den Rezepten und teilen die Arbeiten zu. Viele bringen unverderbliche Lebensmittel zum Gurudwara als Spenden mit, die nach Sorten sortiert in großen Behältern gesammelt werden.

5. Langar

5.1 Die Praxis von Sikh-*langar*

Das signifikante Kennzeichen von jedem Sikh-Gurudwara weltweit ist *langar*, d. h. eine große Esshalle, ein Refektorium. Ohne *langar* gibt es keinen echten Sikh-Gurudwara. »The Gurudwara is both the temple of prayer and the temple of

---

[40] Singh, Ethics and Business, 350.
[41] Ich habe den Goldenen Tempel in Amritsar mit Gruppen der deutschen Gemeinde von 1998–2007 neunzehn Mal besucht, ebenso zwei weitere Gurudwaras in Delhi und kürzlich einen Diaspora-Gurudwara in Bangalore. Überall bietet sich ein ähnliches Bild.

bread.«[42] An Feiertagen, wenn der Platz nicht ausreicht, kann die Gastfreundschaft auch unter freiem Himmel erfolgen. Zu dem Essenssaal gehört eine Küche mit riesigen Töpfen, Teigmaschinen für die Herstellung der Chapatis, das indische Brot. In Amritsar gibt es eine Chapati-Maschine aus dem Libanon, die in der Stunde 3.000 Chapatis herstellt, nicht genug für die täglich durchschnittlich 75 000 hungrigen Gäste, die sich an Festtagen verdoppeln.[43] Das Essen ist immer vegetarisch, nicht weil Sikhs Vegetarier sind, sondern damit alle daran teilnehmen können. Im Anfang waren die Gurus Vegetarier, aber Guru Gobind Singh erlaubte während des Krieges das Fleisch von wilden Tieren. Die Dalits aßen schon immer Fleisch. Jedoch sollen die Sikhs kein Fleisch essen, das islamisch *halal* geschlachtet ist, sondern nur *jhatka*,[44] geschlachtetes Fleisch von Schaf, Ziege, Schwein oder Huhn. Kühe sind tabu wie bei den Hindus. In jedem Gurudwara gibt es große Vorratsräume, wo Reis, Linsen, Mehl, Salz, Tee, Zucker etc. aus Spenden gelagert werden. Das Essen ist kostenlos, wer will, gibt eine Spende. Zusätzlich zu dieser täglich vom Gurudwara organisierten Massenspeisung bauen an Festtagen wohlhabende Familien und Firmen Stände auf, an denen sie frisch schmackhaftes Essen kochen, häufig hochwertiger als in der Gurudwara-Küche, und sie verteilen das Essen ohne jegliche Diskriminierung kostenlos an die Wartenden. Alle Gebenden kochen selbst, Catering-Unternehmen sind verboten.[45]

Der zehnte Guru Gobind Singh forderte die Gläubigen auf, nicht nur *langar* im Gurudwara zu unterhalten, sondern auch in ihren Häusern. Er sagte:

> »If a hungry person calls at your door and you turn him away, remember that you are turning out not him but me. He who serves the poor and the needy serves me. The mouth of the poor is the Guru's receptacle of gifts.«[46]

Munshi Suraj Rai aus Batala, ein Zeitgenosse von Guru Gobind Singh, schrieb über die Gastfreundschaft der Sikhs in ihren Häusern:

> »The faith which the Sikhs have in their Guru is seldom met with in other religions. They consider it as an act of devotion to serve the passer-by in the name of their Guru, whose word they repeat every moment of their

---

[42] Dogra/Dogra, Sikh Cultural Traditions, 12.

[43] http://www.goldentempleamritsar.org/guru-ka-langar-amritsar (3.9.2016).

[44] Darunter versteht man »decapitation by a blow at the back of the head«. Dogra/Dogra, Sikh Cultural Traditions, 14.

[45] Interviews mit dem *Information Office* des Bangla Sahib Sikh-Gurudwara in New Delhi am 5.7.2016.

[46] MacAuliffe, The Sikh Religion, Bd. V, 105, zitiert nach Singh, The Sikh Gurus, 97.

life. If a person turns up at their door at midnight, and calls in the name of baba nanak, though he may be a stranger, or even a thief, robber or a scoundrel, they serve him according to his need, as they would serve a brother and friend.«[47]

Diese extreme Forderung des zehnten Gurus drückt sich bis heute in der Kultur einer großen Gastfreundschaft beim Essen aus. Portionen sind immer reichlich bemessen, bei Festen lädt man Fremde von der Straße ein,[48] bettelnde oder hungernde Sikhs gibt es nicht. *Bhangra*, eine Tanzform, traditionell in Gebrauch bei Hochzeiten und Erntefesten, ist in seiner modernen Form gemixt mit afrokaribischem Flair aus den englischen Migrationsgemeinden, vereinigend jenseits aller Unterschiede. Obwohl die Jugend am aktivsten ist, schwingen auch ältere Sikhs mit. Die Tatsache, dass *bhangra* traditionell Männern vorbehalten war, wird nicht mehr gelebt.[49]

Die Teilnahme am *langar* wird von den Gläubigen genauso erwartet wie die Teilnahme am *satsang* (Versammlung der Gläubigen). Immer wieder wird die berühmte Geschichte von dem islamischen Mogul-Herrscher Akbar erzählt, der gekommen war, um mit Guru Amar Das in Goindwal zu sprechen. Der Guru sagte: »*Pahle pangat piche sangat*, i. e. first sitting and eating together and then take part in the fellowship.«[50] So musste auch der mächtige indische Herrscher sich auf dem Boden niederlassen, um in einer Reihe, genannt *pangat*, mit den anderen ein einfaches Essen zu sich zu nehmen.[51] Für den Muslim eine Zumutung, da er *langar* nur als Armenspeisung an den Gräbern der Sufi-Heiligen kannte.

Eine weitere Geschichte wird von Guru Nanak berichtet, der einen Schreiner, genannt Lalo, traf, der einer niedrigen Kaste angehörte, und bei ihm aß. Malik Bhago, ein reicher hochkastiger Hindu, hörte davon und lud Guru Nanak sofort zu einem Festmahl ein und machte ihm Vorwürfe, dass er bei dem niedrigkasti-

---

[47] A. a. O. 9.

[48] Sikh-Feste und Hochzeiten sind voller Musik und Tanz. Viele Familien errichten in Delhi bei solchen Festen Zelte auf der Straße vor ihren Häusern und laden auch Fremde von der Straße zum Mitfeiern ein. Wer nicht mit ihnen mitfeiert, schließt sich selbst aus, wie orthodox denkende Brahmanen oder Jains, die nur streng vegetarisch essen. Obwohl im Sikhismus verboten, gibt es auf den meisten dieser privaten Feste sehr viel Alkohol. Der berühmte Autor Kushwant Singh sagte mir einmal auf die Frage nach dem Alkoholverbot: »Sie haben Recht, im Sikhismus ist Alkohol verboten. Dies halten wir strikt in den Gurudwaras ein, aber ansonsten brauchen Sikhs Alkohol wie die Fische das Wasser.« Er erklärte das dann auch mit der harten körperlichen Arbeit.

[49] Nicola Mooney, Dancing in the Diaspora Space, in: Hawley (Hg.), Sikh Diaspora, 279–318.

[50] Massey, A Contemporary Look, 106.

[51] Anita Ganeri, Sikh Stories, London 2001, 14–15.

gen Schreiner eingekehrt sei. Guru Nanak forderte Lalo und Malik Bhago auf, Essen zu bringen. Dann nahm er ein Stück Brot (Chapati) von Lalo in die rechte Hand und drückte es, daraus floss Milch. In die linke Hand nahm er das Essen von Malik Bhago und drückte es, daraus flossen Blutstropfen. Dann erklärte Guru Nanak, dass Lalo ein ehrlicher Mann sei, der Gott fürchtet, während Malik Bhago ein korrupter Mensch sei. Malik Bhago war so beeindruckt, dass er sich bekehrte und dem Guru nachfolgte.[52]

Die Reihen, *panghat*, sind bis heute Symbol der Gleichheit. Jeder/jede sitzt neben jedem/jeder auf dem Boden und bekommt auf einem eigenen Stahlteller sein Essen serviert, einschließlich Bettlern und unabhängig von der Religion. Traditionell saßen Frauen und Männer getrennt, wie heute noch gelegentlich in den Gottesdiensträumen, heute zusammen. Ein typisches Essen besteht z. B. aus Chapatis[53], Linsen (*daal* aus unterschiedlichsten Linsen wie *mungi*, *masur*, *motth*, *harhar*), einem Currygemüse gemäß der Saison und einer Süßspeise wie *jalebi*[54] oder *kheer*[55]. An Festtagen gibt es statt Wasser *lassi*, ein erfrischendes Buttermilch-Joghurt-Getränk. Schmackhaft wird das scharfe Essen (viel Chili) durch den Zusatz von *ghee*,[56] der über alles geträufelt wird, je nachdem, wie viel Geld gerade vorhanden ist. Die Chapatis können auch durch Reis oder *puris*, die in Fett ausgebacken werden, ersetzt werden. Die Reihen sind durch lange Teppiche markiert, auf denen die Hungrigen Platz nehmen. Das Essen wird durch die vielen Freiwilligen, die mit Stahleimern durch die Reihen gehen, auf die Stahlteller verteilt. Wenn alle Essen vor sich haben, wird ein Essensgebet gesprochen mit Anrufung Gottes (Vaheguru), und alle essen gemeinsam. In der Regel isst man mit der rechten Hand, flüssige Süßspeisen mit einem Löffel. Alle sind barfuß und bedecken ihren Kopf, die Männer mit Turbanen, Taschentüchern, Kopftüchern und die Frauen mit Schals in jeglicher Farbe. Frauen, Männer, Kinder, Reiche, Arme: Alle sind bunt gemischt. Die Männer mit den stahlblauen Turbanen, die *nihangs*, die quasi eine Art Gurudwara-Polizei oder Sicherheitsdienst sind, sind weithin sichtbar, auch durch ihre großen Schwerter. Sie sind Angestellte der Gu-

---

[52] Karta Singh, Life Story of Guru Nanak, New Delhi, 9. revidierte Aufl. 2008, 36–41. Den Hinweis auf diese Geschichte verdanke ich meinem Studenten Harrison R. Massih, der sie in seiner unveröffentlichten Magisterarbeit (Proclaiming a Witnessing Christology: A Comparative Study in Offering Hospitality of Holy Food in Sikhism and Christianity, Bangalore UTC, MTH unveröffentlicht, 2016) verwendet.

[53] Fladenbrot aus Vollkornmehl; muss jeweils frisch gemacht werden. Alte Chapatis werden oft an Kühe verfüttert, jede Person isst zwei bis fünf Chapatis.

[54] In Fett ausgebackenes Gebäck, wird danach in Zuckersirup getaucht, sehr süß.

[55] Milchreis mit Mandeln, Cashewnüssen und Zucker.

[56] Geklärtes Butterfett kann hoch erhitzt werden.

rudwaras und bestellen in den Dörfern auch das Land der Gurudwaras. Niemand darf Zigaretten, Zigarren, Rauschmittel oder Alkohol mitbringen. Wer einmal die Gastfreundschaft der Sikhs erfahren hat, wird der Bewertung von Sardar Harjeet Singh zustimmen: »The culture of langar expresses the ethics of sharing, community, inclusiveness und oneness of all humankind.«[57]

Es steht außer Zweifel, dass *langar* außer den fünf sichtbaren Merkmalen bei den *khalsa*-Sikhs das wichtigste Symbol der Sikhs ist. Dies stimmt, obwohl es auch in vielen Hindu-Tempeln Speisungen gibt. Sie sind jedoch nicht flächendeckend, sondern nur gelegentlich, meist zu Festtagen. Ausnahme ist der riesige Jagannath-Tempel in Orissa, der 700 Köche beschäftigt, die sechs Mahlzeiten am Tag mit 56 verschiedenen Gerichten täglich kochen. Die ca. 10 000 Essen täglich werden zuerst den Göttern gereicht, danach an die Angestellten verteilt und an Gläubige in Tontöpfen verkauft, *chhappan bhog* genannt.[58] Die Teilnahme an dem Essen ist freiwillig und auf indische Hindus beschränkt, da nur solche den Tempel betreten dürfen. Es gibt keine Beteiligung an der Herstellung des Essens durch Ehrenamtliche. Häufig gibt es kostenlose Armenspeisungen in Hindu-Tempeln, die von einzelnen Gläubigen organisiert werden, die gekochtes vegetarisches Essen stiften. Sie wollen damit ihr Karma verbessern. Das Kochen ist jedoch keine gemeinsame Anstrengung der Gläubigen eines Tempels wie bei den Sikh-Gurudwaras.

Lediglich *prasad*, eine nur in kleinen Stückchen gegessene Süßspeise, die in den Hindu-Tempeln den Göttern und Gläubigen offeriert und auch nach Hause mitgenommen wird, kann mit *karah prasad* der Sikhs verglichen werden. Es handelt sich dabei um ein symbolisches Essen, kein Sättigungsmahl, was zusätzlich zum Essen im *langar* gegessen wird. Dies wird noch näher ausgeführt. In Amritsar allein werden jeden Tag mindestens 75.000 Essen zubereitet, und in den Schlafsälen kann man bis zu drei Tage kostenlos übernachten. So wundert es nicht, dass im Punjab das geflügelte Sprichwort umgeht: »Niemand kann im Punjab an Hunger sterben.«[59] Der bekannte Dalit-Theologe James Massey pflegte zu sagen: Jesus hat einmal 5 000 Menschen gespeist, und wir reden immer noch darüber. Die Sikhs speisen jeden Tag Hunderttausende, und niemand redet davon.[60]

---

[57] Sardar Harjeet Singh, Faith and Philosophy of Sikhism, Delhi 2009, 34.
[58] Charmaine O'Brien, The Penguin Food Guide to India, 2012.
[59] Massih, Proclaiming a Witnessing Christology, 35.

5.2 Die Herkunft der *langar*-Praxis

Lassen Sie uns einen Blick zurück werfen auf die Entstehung des *langar*-Konzepts. Bereits Guru Nanak, der erste Guru, durchbrach die Kastenschranken, indem er mit Niedrigkastigen aß wie mit dem Schreiner Lalo. Ob bereits der erste Guru Nanak das gemeinsame Essen institutionalisierte oder ob dies erst der dritte Guru, Amar Das, tat, ist umstritten.[61] Guru Nanak befreite sich von Ritualen, und sein toter Körper verschwand einfach, sodass er weder verbrannt noch beerdigt werden musste.[62] Die identische Geschichte wird von dem toten Sufi-Heiligen Kabir erzählt. Beide, Nanak und Kabir, »deliberately occupied an ambiguous space between Hindu and Muslim communities«.[63] Heute gehört Kabirs Erbe zu den Hindus, aber der *kabir panth* hält weiterhin fest am gemeinsamen Essen und an der Verurteilung des Kastenwesens, was nicht überrascht, da die Mehrheit der Mitglieder Dalits sind, oft arme Landarbeiter aus Nordindien.[64]

Im Gegensatz dazu sah der dritte Guru die Notwendigkeit der Institutionalisierung und schuf neue Rituale. Er ließ den Amrit-See in Amritsar als künstlichen See ausheben, er gründete neue Gemeinden, *sangats*, und etablierte das System der Supervision und des Geldsammelns durch das *masand*-System. Man kann davon ausgehen, dass das gemeinsame Essen von Anfang an bestand, aber mehr im Sinne von Gastfreundschaft, nicht als ein Ritual mit großem logistischem Aufwand. Mit an Sicherheit grenzender Wahrscheinlichkeit hat Guru Amar Das dabei auf das Vorbild der Sufis zurückgegriffen,[65] die auch gemeinsam mit Menschen aller Kasten aßen.[66] Die islamischen Sufis kannten den Begriff *langar* schon lange bevor es Sikhismus gab. Besonders an den Gräbern der

---

[60] So James Massey wiederholt in Vorträgen bei mir in Delhi zwischen 2000 und 2007 in der deutschen Gemeinde. Er hat an der Universität Frankfurt über Sikhismus promoviert.

[61] W. H. McLeod, Guru Nanak and the Sikh Religion, New Delhi 20095, 210.

[62] Guru Nanak starb 1538 oder 1539. Hinduistische und islamische Gläubige stritten sich um seine Leiche. Als sie das Leichentuch hochhoben, fanden sie darunter nur frische Blumen, dann teilten sie das Tuch in der Mitte. Die Hindus verbrannten ihren Teil, und die Muslime beerdigten ihren Teil. Hew McLeod, Sikhism, London 1997, 5.

[63] Linda Hess, Bodies of Song. Kabir Oral Tradition, and Performative Worlds in North India, New York 2015, 315.

[64] A. a. O. 318.

[65] McLeod, Sikhism, 230. »The Sufis already practiced this form of ensuring that all who came and took food on their premises would abandon all notion of eating separately.«

[66] A. a. O. 23. »Distribution of langar is a common exercise in the South Asian mazar tradition. The tradition is said to have been originally sustained by the Saints ... organized for the welfare of the people.« Uzma Rdeman, Sacred Spaces, Rituals and Practices. The Mazar of Saiyid Pir Waris Shah and Sha'Abdul Latif Bhitai, in: Catharine Randvere/Leif Steubing (Hg.), Sufism Today, London 2009, 150.

Chishti-Sufis, *dargahs* genannt, wurde und wird am Todestag des Heiligen *urs*, kostenloses Essen, an die Wartenden gleich welcher Religion ausgegeben.[67] Traditionell wird dies als Armenspeisung verstanden. Bis zum heutigen Tag ist die Praxis von *langar* »a key organizing feature of Sufi lodges in South Asia«,[68] besonders in Indien, Pakistan, aber auch in der englischen Diaspora. An berühmten *dargahs*/»Sufi lodges« gibt es fast täglich Essen. Dieses gekochte Essen wird entweder von den Gläubigen mitgebracht und gespendet oder durch die Verwaltung gekocht. Wenn der Ort wichtig ist, passiert beides. *Langar* ist für die Armen ein soziales Netz, ihre Lebensversicherung. So schreibt Werbner: »The langar objectifies the moral community embodied by the saint himself as a figure of infinite generosity.«[69] Die Großzügigkeit der Sufi-Heiligen erstreckt sich nicht nur auf das Essen, sondern schließt auch Heiligung mit ein.

Selbst der aufopfernde freiwillige Dienst bei der Essenszubereitung hat sein Vorbild bei den Sufis, die dies bis zum heutigen Tag praktizieren. *Langar* wird bei den Sufis verstanden als ein »perpetual sacrifice«.[70]

So hat z. B. der Mogul-Herrscher Akbar, der ein großer Verehrer der Chishti-Sufis war, der *dargah* von Ajmer im Jahre 1574 einen eisernen Kessel (genannt *deg*) geschenkt, in dem man 4800 kg Essen zubereiten kann und der bis zum heutigen Tag benutzt wird. Sein Sohn und Nachfolger Jahangir hat einen kleineren Kessel gestiftet, in dem etwa die Hälfte Essen zubereitet werden kann. Die *dargah* wirbt heute um Spenden von 2000 Euro für süßen Safran-Reis (*kesaria bhat*) für den großen *deg* und 1000 Euro für den kleinen *deg*, um möglichst täglich Essen für die Armen und arme Pilger zur Verfügung stellen zu können.[71] Der muslimische Herrscher Akbar (1542–1605) unternahm 14 Wallfahrten zur *dargah* von Moinuddin Chishti in Ajmer[72] und hörte die für Sufis typische *qawwali*-Musik. Die enge Verbindung von Sufismus und Sikhismus ist nicht nur in der

---

[67] Rdeman, Sacred Spaces, 150.

[68] Pnina Werbner/Helene Basu, Embodying Charisma: Modernity, Locality and the Performance of Emotion, London 1998, 106.

[69] A. a. O. 111.

[70] A. a. O. Über moderne wohlhabende Sufi-Frauen schreibt Werbner: »They held and hold in this part, many of the top administrative positions in the town. They own large houses … Yet these very women are willing to take on the most menial, dirty, unpleasant tasks, hard tiring, physical labour, and live in crowded condition, sleeping on mats on the floor if they come from some distance, in preparation for the sacrificed feast of the urs.«

[71] http://www.khawajardha-ridnawaz.com/thedegs,html (3.9.2016).

[72] Sadia Dehlvi, Sufism Heart of Islam, Noida 2010. Akbar ließ sogar extra an der *dargah* einen Palast errichten für seinen Aufenthalt in Ajmer, Rajasthan. Zahlreiche der Wallfahrten dorthin unternahm er zu Fuß, 174ff.

Übernahme des *langar*-Konzepts sichtbar, sondern auch in der musikalisch begleiteten Rezitation der heiligen Schriften *kirtan*, ähnlich der *qawwali*-Musik in den *dargahs*. Das heilige Buch der Sikhs, das *Adi Granth*, enthält außer den Hymnen der Gurus auch 534 Hymnen von Kabir,[73] einem berühmten Mystiker des 15. Jahrhunderts, den ich als einen »Patchwork-Heiligen« beschreiben würde, da er islamische Sufi-Kultur mit hinduistischer Bhakti-Frömmigkeit verbindet,[74] und 41 Hymnen von Ravidas, einem unberührbaren Bhakti-Heiligen, der sich sehr für die Überwindung von Kastengrenzen einsetzte, um dadurch den Hinduismus zu reformieren. Von Ravidas hat sich eine eigene Gruppe von Sikhs entwickelt, die ihre eigenen Tempel haben.[75] Dies steht auch in Zusammenhang mit ihrer unberührbaren Herkunft. In ihren Tempeln praktizieren sie auch *langar*.

6. *Karah prasad* – Gesegnetes Essen

Noch wichtiger als die Sättigungsmahlzeit im *langar* ist den Sikhs ihr *karah prasad* (wörtlich: Pudding gesegnet), auch gesegnetes Essen oder Gurus Essen genannt. Es handelt sich dabei um eine Süßspeise, *halwa (karah)* = Pudding, die von der Zeit von Guru Nanak bis heute jeden Tag in jedem Gurudwara frisch zubereitet wird. Das Rezept besteht aus drei Bestandteilen, nämlich Vollkornweizenmehl (*atta*), Zucker und geklärte Butter (*ghee*), die man zu gleichen Teilen hochgradig erhitzen kann. Der Koch/die Köchin, muss zum Sikhismus gehören und zuerst den Kochplatz säubern, dann Gebete sprechen wie *japji*, dann muss er/sie klares Wasser in den eisernen Topf (*karaha*) schütten, und zwar die Menge, die allen Bestandteilen entspricht. Wenn das Wasser kocht, wird nach und nach der Zucker hineingerührt und zum Kochen gebracht. In einem anderen Eisentopf wird die geklärte Butter erhitzt, und wenn sie am Siedepunkt ist, wird das Mehl hineingeschüttet und ordentlich gerührt, damit sich keine Klumpen bilden. Wenn das Mehl gut durchgekocht ist, wird es gelblich/bräunlich, und ein Geruch von »frischen Plätzchen«[76] entwickelt sich. In dem Moment muss der bereits aufge-

---

[73] Dogra/Dogra, Sikh Cultural Traditions, 121.

[74] Linda Hess, Bodies of Song. Kabir Oral Tradition. The Bijal of Kabir, übersetzt v. Linda Hess/Shukdeo Singh, New York 2002.

[75] Dogra/Dogra, Sikh Cultural Traditions, 74. Die Anhänger heißen heute Ravidasi, Ramdasi, Raodasi oder Raidasi. Die meisten glauben nur an die Schriften von Guru Nanak. Sie nehmen nicht teil an der *pahul*-Feier, der Sikh-Taufe.

[76] Singh, The Sikh Gurus, 108. Dort findet sich das detaillierte Rezept.

löste Zucker als Sirup zugegeben und alles gut gerührt werden, sonst verbindet sich das Mehl nicht mit dem Zucker.

Nachdem das *karah prasad* fertig ist, werden sechs Verse von *anand*, einem Danksage-Hymnus rezitiert, und das Essen wird zeremoniell mit dem *kirpan* (Sikh-Schwert) umgerührt und gesegnet. Je nach Menge wird entweder dann oder vorher das Essen abgedeckt in den Gottesdienstraum gebracht. Dort wird dann das *Adi Granth* an einer beliebigen Stelle geöffnet, und der erste Absatz auf der linken Seite wird laut vorgelesen. Dann nimmt der Vorsteher des Gurudwaras (kein Priester) etwas *karah prasad* und verteilt es an fünf Sikhs, von denen man weiß, dass sie die Gebote des *khalsa*, der Sikh-Taufe, wirklich halten. Sie repräsentieren in diesem Moment die *panj piaras*, die fünf Geliebten, die bereit gewesen waren, ihr Leben für den Guru zu opfern.

Um 1920 gab es noch eine intensive Diskussion darüber, ob auch Dalit-Sikhs oder niedrigkastige Sikhs das *karah prasad* austeilen können. Das Argument war, dass niemand durch die Herkunft der Verteiler davon abgehalten werden sollte, *karah prasad* zu essen.[77] Heute ist diese Diskussion verstummt, und man sieht auch gelegentlich schon Frauen beim Austeilen. Nach den fünf Vorbild-Sikhs wird das *karah prasad* ganz unzeremoniell an alle Anwesenden verteilt,[78] häufig am Ausgang oder Eingang.

Heutzutage haben viele Gurudwaras, einschließlich Amritsar, ein neues zusätzliches Verteilungsverfahren entwickelt. Die Gläubigen stellen sich an einem Schalter an und kaufen *karah prasad* in einem umweltfreundlichen Blätterteller-chen. Bevor einer der *nihangs* das *karah prasad* aushändigt, nimmt er davon die Hälfte weg und wirft es in einen großen Edelstahlbehälter. Sobald der voll ist, wird er in die Nähe des Gurudwara-Ausgangs gebracht und dort in gleichen Mengen per Hand wirklich an jede und jeden kostenlos verteilt,[79] einschließlich Touristen und Bettler, auch an Kinder. Das gekaufte *prasad* wird meistens mit nach Hause genommen, um es an Familienmitglieder zu verteilen, die nicht selbst zum Gurudwara kommen konnten. Das gesegnete Essen soll allen zum Segen werden.

Wann immer etwas Wichtiges passiert, wird *karah prasad* verteilt. Das beginnt bei der Namensgebung des Babys. Das Baby bekommt ein paar Tropfen *amrit* in den Mund getröpfelt, und der Anfangsbuchstabe des Namens wird durch

---

[77] Kämpchen (Hg.), Aus dem Guru Granth Sahib, 197.
[78] Singh, The Sikh Gurus, 109; W. Owen Cole/P. S. Sambhi, Sikhism and Christianity, London 1993, 125f.; Dogra/Dogra, Sikh Cultural Traditions, 175.
[79] Die Menge sind etwa zwei bis drei Teelöffel.

das wahllose Öffnen des *Guru Granth Sahib* bestimmt. Der erste Buchstabe auf der linken Seite bestimmt dann den Anfangsbuchstaben des Namens. Danach wird *karah prasad* verteilt. Wenn Jugendliche den *khalsa*-Ritus, die Sikh-Taufe, durchlaufen, dann ist die Verteilung von *karah prasad* das Ende des Ritus, der seinen Höhepunkt im Trinken und Besprenkelt werden durch das *amrit*-Wasser hat.[80] Auch die Hochzeitsfeier wird mit *karah prasad* beschlossen.[81] Wenn jemand stirbt, wird der Tote/die Tote verbrannt, dann kehren die Trauernden ins Haus zurück, waschen zumindest die Hände und Gesicht oder nehmen ein Vollbad. Nachdem alle neue Kleidung angezogen haben, wird *karah prasad* verteilt.[82]

Karah prasad ist also existentieller Bestandteil jedes Gurudwara-Besuchs und jedes Rituals im Sikhismus. Parallelen zur Eucharistie in der katholischen Kirche drängen sich auf. Während aber im Katholizismus die Hostie exklusiv nur den Initiierten in den katholischen Glauben zusteht, üben die Sikhs nach den Schriften und zumindest heute überall auch in der Praxis eine großzügige Gastfreundschaft, die jeden/jede umfasst und niemanden ausschließt, außer Personen, die betrunken zum Gurudwara kommen. So wiederholt sich jeden Tag millionenfach der Geist des *khalsa*, der Gleichheit und der Geschwisterschaft, überall dort wo sich Sikhs zum *kirtan* in den Gurudwaras treffen und grenzenlos ihr heiliges *karah prasad* mit jedem und jeder teilen, der/die kommt. Durch das grenzüberschreitende Teilen des heiligen Essens, des *karah prasad*, erleben die Sikhs und die Besucher der Gurudwaras, besonders aber des Goldenen Tempels in Amritsar, Gemeinschaft untereinander und mit Vaheguru, dem einzigen Gott der Sikhs. Sie erfahren durch *langar* und *karah prasad* Geschwisterlichkeit, Gleichheit jenseits von Kasten, Rassen und Geschlecht im Namen des gastfreundlichen Vaheguru und sehen, dass all dies nur möglich ist durch den ehrenamtlichen Dienst seiner Nachfolger, die durch ihre Opfer an Lebensmitteln, Geld und Arbeitsleistung dazu beitragen. Was einmal als Symbol des Kampfes gegen die Kasten begann, wurde zum Markenzeichen des Sikhismus – alle teilen dasselbe Essen aus einem Topf, alle Gläubigen sind vor Gott und in seinem Tempel gleich. Daraus hervorgegangen sind starke Elemente von Demokratisierung, Anti-Klerikalismus, Anti-Asketentum, Diesseitsorientierung, Selbstbestimmtheit, sozialer Gerechtigkeit, Dienst an der Gemeinschaft und *upward mobility*.

---

[80] Dogra/Dogra, Sikh Cultural Traditions, 187.
[81] A. a. O. 181.
[82] A. a. O. 190.

Man kann sagen, dass Sikhs von der Zeit der Gurus an bis heute, trotz Heimweh nach ihrem Land, sich überall ein neues Zuhause und in ihrer Diaspora Gurudwaras schaffen, solange sie die Gemeinschaft mit ihrem mitwandernden Gott und die Gemeinschaft untereinander erfahren im *kirtan*, im *langar* und im *karah prasad*. Vaheguru ist ein ganzheitlicher Gott, der sich nicht auf die spirituellen Belange seiner Anhänger beschränkt. Er kümmert sich um das Wohlergehen der gesamten Menschheit und seiner Anhänger, die ein Leben in Fülle erfahren sollen im Schweiß ihrer Arbeit in den *pangats* der *langars*. Sikhismus ist eine praktische, herzlich willkommene Religion, die Gastfreundschaft jenseits aller Grenzen praktiziert, indem sie ihr heiligstes Essen, das *karah prasad*, mit allen teilt und niemals zulässt, dass jemand hungrig ihre Gurudwaras verlässt, eine logistische Meisterleistung, die ohne den Dienst der Gläubigen unmöglich wäre.

(Prof. Dr. Gudrun Löwner ist Professorin für Interkulturelle Theologie und Ökumenik am United Theological College in Bangalore, Indien)

ABSTRACT

The Sikh religion has its roots in the bhakti movement, in Islam and the Hindu religions. Right from the beginning it was fighting against the caste system. Although Sikhismus in its different branches was not fully successful in eliminating the caste system, it has achieved a lot by integrating many people from the lower castes as well as Dalits in this religion which believes in one God, the creator, who is invisible. Right from the beginning the ten Gurus started feeding their disciples in the langhar and any other visitor. This hospitality which is also seen at the death anniversary at the graves of Muslim Saints, was adopted as a means to fight caste through interdining. Till today every Sikh gurdwara invites everybody irrespective of caste, class and gender, nationality, religion to share the food which is prepared and donated largly by volunteers, who as their offering to God perform cooking tasks in the Gurdwara. Even the holy Food, which is seperate from the langhar is shared with one and all. This great hospitality of Sikhism is a great challenge to Christianity specially in the Punjab.

How, what and with whom should Christians in India eat? A mission-historical study

Daniel Jeyaraj

Food is more than nourishment. It stills not merely hunger, but also expresses the social, religious, economic and health situations of those who eat either together or separately. Thus, food symbolizes important relationships between those who offer food and those who consume it. Bartholomäus Ziegenbalg (1682/3–1719), the first German Lutheran missionary to the Tamils in Tranquebar on the Coromandel Coast of south-eastern India, informed himself about the indispensable codes of conduct that determine the food habits of the Tamils. He knew the different types of food that were prevalent among them. He also painstakingly discovered the socio-religious importance of foods and kept it in feeding his school-children, church members, and guests. This essay examines key eating habits of the Tamils in general and evaluates how the early Tamil Lutheran Christians followed them in their everyday life.

Eating habits of the Tamils

In August 1708, Ziegenbalg mentioned that he had read Ācārakkōvai (›Garland of Behaviours‹),[1] a collection of 100 poems from about the 8th century CE. It summarizes the eating habits of the Tamils, which largely remain normative even to this day. Accordingly, first the eaters take a bath, wash their legs and mouth,

---

[1] Wilhelm Germann, Ziegenbalgs Bibliotheca Malabarica, in: Missionsnachrichten der ostindischen Missionsanstalt zu Halle, No. 32, Issue 1, 1880, 1–20, and 61–94: 74; Book no. 44: »Aschara Kowei, ein Buch von hundert Liedern oder Versen handelnd von allerlei Ceremonien, so unter den Malabaren gebräuchlich sind, in ihrem Umgang der Götter und Menschen.«

sprinkle water around the place of their plates, and then eat.[2] They sit facing east, remain alert and calm; they concentrate on eating and do not talk or see anything else; and they take the food and eat it reverently (poem 20). Those who cultivate good habits offer food first to guests, the elders of a house, the animals, birds, and children, and eat at last (poem 21). When they eat, they do not stand up or lie down; they neither eat in public places nor seated on a sleeping cot; and they eat moderately (poem 23). When they dine with elders, they do not eat before these start eating; they do not get up before them; they do not sit very close to them; even if they would get great rewards, they do not sit on their right side (poem 24). First they start eating sweet food and end with bitter-tasting food. They can eat other foods in-between (poem 25). After they have finished eating, they should wash, gargle and thus cleanse their mouth, and drink a cup of water (poem 27). When they give food to guests, they should receive them with a smile, give them water to wash their legs and provide a meal. Then they offer them a seat to sit down and a mat to lie down (poem 54).

Secondly, Ziegenbalg read *Tirukkuṟaḷ*,[3] the most famous work on Tamil codes of conduct at home and in the public arena. All Tamils are aware of its core teachings. It often refers to food as a way of life. Farmers who cultivate edible things are the only independent people; all others depend on them for their sustenance (poem 1033). Hunger is the greatest sickness; therefore, the safest place to store one's hard-earned wealth is to spend it on stilling the hunger of the poorest person (poem 226). Before people eat, they should honour the spirits of ancestors, deities, guests, and relatives (poem 43). Poems 81–90 describe the importance of joyfully receiving and feeding guests and state that hospitality is superior to religious sacrifices. Food offered to parents by their little children tastes better than ambrosia (poem 64). Those who earn things honestly and share them with the needy shall enjoy their food for a long time (poem 44). If they gamble their earnings, they will soon lose their fame, discernment, wealth, food, and dress (poem 939). Poems 321–330 present vegetarian meals as the best form of food. Therefore, a virtuous person should abstain from killing animals. Additionally, food is also medicine for the body (poems 941–950): It is best to wait until the food eaten

---

[2] 18th poem of cārakkōvai: nīrāṭik kālkaḻuvi vāypūci maṇṭalamceytu, uṇṭārē uṇṭār eṉappaṭuvār.
[3] Germann, Ziegenbalgs Bibliotheca Malabarica, 63–64: »Tiruwalluwer, ein moralisches Buch in Versen, so der Materie nach des Seneca Schriften ganz ähnlich ist, und sehr hoch unter den Malabaren geschätzet wird; wie es denn auch eines mit von den gelehrtesten und erbaulichsten Büchern ist, die unter ihnen mögen gefunden werden. Es pflegen viele hohe Malabaren solches zu ihrem Handbuch zu erwählen.«

earlier is fully digested and one is again hungry. The body of those who would follow this principle can become a good place for life to flourish.

Thirdly, the Tamils have condensed their eating habits into several proverbs. Herman Jensen identified 46 proverbs[4] that deal with some aspects of food. Accordingly, many Tamils hesitate to work hard, but are quick to eat food. They may not hesitate to walk 100 kilometres to obtain a delicious meal. A hungry person may be content with any edible food. In a hot season, one should be content with light meals like rice broth and pickle. It is good to fast on the day of New Moon (*amāvācai*). One should avoid gluttony and eat moderately.

Fourthly, in religious settings, food stands for communication and fellowship between the devotees, their deities, and their guests. Devotees ceremonially prepare and offer food to their deities; in return, they expect divine blessings such as the forgiveness of sins. Finally, they and their guests consume this ritual meal. Festivals such as *Diwali* (›festival of light‹) or *Pongal* (›harvest festival‹) offer wonderful opportunities for sharing food with one's neighbours, relatives, and friends. Feeding the poor and the needy is a great act of charity. It increases the good aspects of *karma* and ushers in merits. This act of kindness is often called donating food (*aṇṇatāṉam*, ›food-gift‹). The recipients of this donated meal can vary greatly. Brahmin priests and *paṇṭāram* get the best and richest meal prepared with purified butter, curd, and sugar; beggars, poor people and those who have taken an oath for fasting also enjoy these free meals. Some temples have a standing practice of feeding anyone, who seeks food from them. Ziegenbalg observed and explained the major ceremonies associated with the formal feeding of religious mendicants and pilgrims. He noticed how the Tamils used food not merely to demonstrate charity, but to promote their good *karma*.[5]

Fifthly, the Tamils enjoy food with six different tastes (*aṟucuvaiuṇṭi*). These include bitterness, sweetness, sourness, saltiness, astringency, and pungency. Spices and vegetables enhance these tastes. Each household has its own way of preparing their ›curry‹. A proper, full meal begins with a bitter-tasting dish (e. g., made with bitter gourd or a pickle) and ends with a sweet savoury one such as *kēcari* or *pāyācam*. Normally, people sit cross-legged and their food lies on the leaf of a banana tree (*musa paradisiaca*, ›plantain‹) because they believe that a banana leaf emits not only an appetizing aroma, but also provides tiny amounts

---

[4] Herman Jensen, A Classified Collection of Tamil Proverbs, Madras 1897, 124–128.
[5] Daniel Jeyaraj, A German Exploration of Indian Society: Ziegenbalg's »Malabarian Heathenism«: An annotated English translation with an introduction and a glossary, Chennai 2006, 113ff.

of chemicals that remove toxic elements from human bodies. Different varieties of rice remain the staple food; they become the most important ingredient for breakfast, lunch, and supper. Other sources of starch include wheat, tapioca (*manihot utilissima*), millets, beans, and lentils. Tomato, onion, garlic, turmeric, ginger, cumin seeds, fenugreek, coriander, pepper (*piper nigrum*), chilly (*capsicum frutescens*), the field-bean *avarai* (*dolichos lablab*), the eggplant (*solanum melongena*), and diverse gourds add tastes and colours. Banana fruits (*vāḻai*), mango (*mā*), and jackfruit (*palā*, i. e., *artocarpus integrifolia*) are considered the three key fruits. Besides, there are many varieties of greens (*kīrai*), melons, and other fruits.

Sixthly, food is something that is holy. When people eat at home, strangers, uninvited visitors and those who pass by should not even see it. Hence, the place where members of the family eat their food is shielded from public views. People assume that an evil eye would cause stomach problems and create ill health. Normally, grandmothers, mothers, aunts, and daughters rule the kitchen and determine the food, its ingredients, and flavours. Most houses have family deities (*kula teivam*), and these receive their portion of food. Then the women serve the food to their children, grandfathers, fathers, husbands, uncles, and brothers. After the male members of the house have eaten to their satisfaction, the women eat. At the end of meals, many adult members tend to chew betel leaves and *araca* nuts (*veṟṟlai-pākku*) and share their joy with one another.

Seventhly, food at private homes is also a closed affair and is not open to all people. In this context, normative codes of conduct stipulated by *varṇā* (›colour, human category‹), *jāti* (›birth group‹),[6] and local customs apply. Sanskrit traditions recognize only four *varṇās*, namely the *Brahmins*, *Kṣatriyas*, *Vaiśyas*, and *Sūdras*. These socio-religious, economic, and political communities do not yet accept the *avarṇā* peoples as co-equals. Each *varṇā and avarṇā* group consists of countless subgroups known as *jātis*. These blood relatives preserve their identity by carefully choosing whom they marry, what and with whom they eat and what occupations they have. Therefore, food, for them, is a question of identity and belonging. For this purpose, the *jāti* groups have developed locally adapted principles of inclusion and exclusion. The much-lauded virtue of hospitality towards guests and visitors applies mostly to the members of the same *varṇā* or *jāti*,

---

[6] The European word ›caste‹, originally derived from Latin (castus, ›chaste‹) and Portuguese (casta, ›pure-breeding‹), has confused the distinctions of varṇā and jāti.

religious gurus and priests who hail either from the same or superior *varṇā* and *jāti*. These members know not only what they would eat, but also how they eat. They are familiar with the tastes of food. Both the food giver and the food receiver are aware of the etiquette and its socio-cultural and religious meaning. The non-members, on the other hand, receive their hospitality in either temples or hotels or street restaurants or wayside charities (e. g., *cattiram*, *cāvaṭi*, *pantal*) or hospitals or sites of festivals and pilgrimages. Other sets of etiquette apply in these places. Mostly, they are not strict. Therefore, members of diverse *varnās* and *jātis* can temporarily cross over them and then return to follow their own *varṇā* and *jāti*.

Eighthly, food habits of the vegetarians and the non-vegetarians differ significantly. The *caiva* meals are prepared with vegetables. They freely use dairy products such as yogurt and purified butter (*ney*) and exclude eggs. They are more popular in delta areas of rivers (such as *kāvēri*, *Tāmiraparaṇi*, and the like). The *acaiva* meals include meat products from animals such as birds, fish, and certain other living organisms. They are more common in hilly places and around water bodies (e. g., dams, lakes, and seas). Those who enjoy *caiva* meals may highlight the virtues of compassion and non-violence (*ahimsa*) towards all living beings; they may also cite ecological concerns necessitated by raising animals for meat production. However, the unconscious minds of the *caiva* Tamils reflect the assumed reality of reincarnation of souls (*karmasamsāra*). Accordingly, the souls (ātman) of their ancestors and deceased family members might embody the living beings. Hence, it is improper to kill them. The *caiva* people highlight the particular importance of a cow. Slaughtering a cow is considered a heinous sin (*atipātakam*) and is worse than killing a human person. By contrast, the worshippers of non-vegetarian deities, mostly consisting of unmarried goddesses like Kāli and the male deity Aiyaṉār along with his diverse manifestations, periodically offer blood sacrifices of goats, other animals, and cocks; they prepare meat dishes and enjoy them. As a result, the socio-religious intercourse between the *caivas* and the *acaivas* has been unequal. The *acaivas* till the ground and tend the cows or goats. Thus, they produce food materials, which the *caivas* desperately need. Therefore, both groups cannot avoid each other. Preserving social and religious harmony requires a great deal of sensitivity and reciprocal understanding. Moreover, sometimes the *acaivas*, too, eat only vegetarian meals. They do not eat meat when they either fast or have taken a vow or go on a pilgrimage or pay attention to inauspicious times or mourn the death of a dear one or suffer from a disaster. Thus, the *acaivas* can temporarily adopt the lifestyle of the *caivas*, but the *caivas* do not become *acaivas*. In any case, they have learnt the art of ensuring each other's separate identity and reiterating their interdependence.

Lutheran missionary settings in Tranquebar

The Danish colony of Tranquebar (in Tamil: *taraṅkampāṭi*, ›settlement on the seashore‹) marks the birthplace of Lutheran Christianity in India. The trade treaty, signed in November 1620 by the King of Tanjore and the Danish representatives, made legal provisions for the practice of the Religion of Augsburg (i. e., Lutheranism) in Tranquebar. After Ziegenbalg and his colleague Henry Plütschau had arrived there on 9 July 1706, few Tamil people received them and disclosed to them various aspects of Tamil life. Cepperumāḷ, who, judged by his name, seems to have been a *Vaiṣṇavite*, cooked meals for Ziegenbalg. In all probability, he belonged to an *avarṇa* group and a meat-eating *jāti*, who did not hesitate to mingle with Europeans. Ziegenbalg and Plütschau hired an elderly schoolteacher for learning the Tamil language, reading Tamil writings, and discovering Tamil ways of life. This 70-year-old teacher brought his schoolchildren to the missionaries and imparted Tamil to them. His son was Kaṇapati (Skt. *Ganapati*), who, as the name suggests, was a Śaivite. These three Tamils would have acquainted the missionaries with necessary information and examples of Tamil culinary habits. Gradually, the missionaries made inroads into the society of the Tamils, who lived in the 15 villages of Tranquebar. Altogether 18,000 people lived in the colony; but the city had 6,000 inhabitants. The Tamils who lived in the villages and in the city represented 98 different *jāti* groups.[7] They worshipped their deities in fifty-one temples. Thus, the missionaries had enough opportunities to inform themselves of Tamil food habits.

By the end of 1707, they had established the *Jerusalem Church* and boarding schools for Tamil boys and girls. These Tamils would have come from different *jāti* communities, and they would have brought with them their own food habits. Ziegenbalg was happy to note that by August 1707 the Tamil Lutherans had learnt to eat with fellow Christians who hailed from other castes.[8] During this time, his

[7] Jeyaraj, A German Exploration of Indian Society, 245.
[8] Halle Reports, Vol. 1, Continuation 3, 141 (Ziegenbalg's report dated 27 August 1707).

co-worker Johann Ernest Gründler, who had joined him in 1707, observed how the schoolchildren of the Tamil Lutherans ate their food: They sat cross-legged on the floor; each child had a separate earthen bowl filled with cooked rice; a piece of fried fish lay on top of the rice. The schoolchildren did not use European cutlery; instead, they used their fingers and ate their food according to the custom of the Tamil country.[9] From the beginning, Ziegenbalg emphasized the importance of upholding all things that contributed to the »*Dignitatem officii*«[10] (›the dignity of the office‹). Obviously, food belonged to those elements that dignified the Tamils. As long as their eating habits did not contradict the values of the Gospel of Jesus Christ and the doctrines of the Lutheran Church, the Tamils could follow their traditional ways of eating. For the Lutherans these constituted the *adiaphora*, i. e., the elements which neither the Gospel of Jesus Christ nor the doctrines of the Lutheran Church require or prohibit.

Lutheran missionary engagements with the food habits of the Tamils

The second poem of the above-mentioned Tamil work Ācārakkōvai states that those who follow its ethical teachings would attain eight blessings, namely belonging to a good family, long life, wealth, beauty, citizenship right, dignified speech, education, and absence of sickness. It is interesting that the author places his teachings on diet along with his teachings on social relationships, and religious behaviour. Similarly, the Lutheran missionaries Ziegenbalg, Plütschau, and Gründler represented a culture where eating meat and moderate consumption of alcohol belonged to a normal way of life. They were not prepared to be sensitive to the cultural distinctiveness of the Tamils, but they had to acquire them quickly. For this purpose, they interacted with the Tamils who belonged to their church and schools; they visited other Tamils where they lived and observed what they did. They conversed with the Tamils on various themes and asked questions about things related to food. They read Tamil writings that somehow shaped their socio-cultural attitudes and behaviour patterns. When they had questions and could not find answers, they wrote letters to learned Tamils and requested their

[9] Halle Reports, Vol. 1, Continuation 5, 166 (Gründler's report dated 20 July 1707).
[10] Halle Reports, Vol. 1, Continuation 7, 342–343.

help. These Tamil scholars expressed their opinions and cited reasons for their beliefs.[11] The following representative examples illustrate Lutheran missionary engagements with matters pertaining to Tamil food habits. Interestingly, most of them deal with eating meat.

On 12 May 1712, Ziegenbalg discussed several things with a group of Tamils. One of them told him that the Tamils detested Europeans because they slaughtered large, harmless animals with five senses such as cows and bulls and ate their meat. Ziegenbalg responded to them saying that the Word of God, namely the Christian Bible, gave humans freedom to eat and drink in moderation what they desire. Both eating something and abstaining from it did not make a person either virtuous or vicious before God. Human existence on earth requires eating and drinking; slaughtering animals, such as birds and fish, for moderate human consumption was not a murder because these living beings did not have a soul. Immediately, a Tamil Brahmin asked why Europeans did not eat the meat of a horse or a donkey or a dog or a cat or any other animals. Ziegenbalg responded that these animals served the needs of human beings; but if necessity required, one could eat their meat with free conscience. At this, the Brahmin replied: »With this teaching you would get only few of us to join your religion.«[12] Ziegenbalg's immediate response to this statement revealed one of his exemplary missionary principles, which I paraphrase as follows:

> »Right conversion, informed by the Word of God, would enable the converts to discern things that either matter or are insignificant. However, regarding eating and drinking we would not compel anyone to go against their habit. We will not require a convert, who has never eaten meat before, to eat meat. By contrast, in eating and drinking the converts are free to follow the customs of this land. At the same time, we will teach that abstaining from eating meat does not make them better or worse than those who eat meat with clear conscience.«[13]

The idea that animals did not have a soul dissatisfied several Tamil scholars including a woman, who on 26 May 1714 asked Ziegenbalg about the resurrection of animals. He answered her in the following manner:

---

[11] For an English translation of the 99 Tamil letters see Daniel Jeyaraj/Richard Fox Young (transl. and eds.), Hindu-Christian Epistolary Self-Disclosures: the ›Malabarian Correspondence‹ between German Pietist Missionaries and South Indian Hindus (1712–1714), Wiesbaden 2013.

[12] Halle Reports, Vol. I, Continuation 9, 759–761. This reference occurs within this long ninth dialogue.

[13] Ibid. 761.

>The animals are not created for salvation, but to serve human beings and to provide them food. They do not have any immortal soul. Hence, they do not know what sin or virtue is. God did not give them any law; unlike humans, they cannot speak, read, or consider any spiritual matter. Unlike humans, they do not need a priest; they do not need to be cleansed of their sins; therefore, they also do not need to be saved from their sins. When they die, they do not rise up again.«[14]

These theological and metaphysical responses did not seem to have satisfied the inquisitiveness of the woman. Ziegenbalg did not elaborate any further and passed on to consider other matters. Nevertheless, he pointed out the practicality of situation ethics and occasional meat eating. The attitudes and intentions mattered more than actual meat eating. In order to illustrate this notion, a Tamil scholar narrated the following story on 10 November 1712: Once a priest wanted to teach his disciples certain lessons about *bhakti* (›devotion‹) and took them on a journey. As they were walking through a forest, they became hungry. They saw a Pariah, who was cooking meat. All of them ate it; soon they vomited it out. However, there was a difference: As they vomited, lotus flowers fell from the mouth of the priest because he had eaten it with *bhakti* in his mind. By contrast, pieces of meat fell from the mouths of the disciples because they had consumed the meat without any *bhakti*.[15]

Such examples were rare in the contexts of strict avoidance of eating meat. Another Tamil scholar added further reasons why most Tamils did not eat meat: Killing of animals »neither agrees with our religion nor with decency, purity, and civility«. It is sin »because it violates civility and wisdom«. Moreover, »it is inappropriate to praise God with a tongue that has tasted animal flesh«. Those who eat »pure food« consisting of vegetables, greens, and fruits will attain great rewards. Sages like Vētaviyācar[16] and Tiruvaḷḷuvar have taught Indians to refrain from eating animal meat.[17] It is noteworthy that this Tamil scholar called on Tiruvaḷḷuvar. He encourages his readers to adhere to *pulāl maṟuttal* (›refusing to eat meat‹, poems 251–260): People who kill other living beings in order to feed their own bodies cannot be kind, gracious, and good. These people hide within their minds murderous weapons, which would eventually kill them. Not killing

---

[14] Ibid. 769–770.
[15] .Halle Reports, Vol. I, Continuation 7, 467–468.
[16] Traditionally, Vedaviyāsa compiled the Vedas.
[17] Halle Reports, Vol. I, Continuation 11, 932–933.

any living thing expresses the best form of *aruḷ* (supreme ›grace‹) and is higher than 1,000 sacrifices (*vēṭṭal*).

Without naming Tiruvaḷḷuvar, a Tamil author who desired to explain the importance of not killing any animals referred to his 260th poem, which reads in Tamil as follows: »*kollāṉ pulālai maṟuttāṉaik kaikūppi ellā uyirun toḻum.*« Literally, it means that ›all living beings will fold their hands and worship the one, who did not kill any living thing and refused eating meat‹. The Tamil author, whose letter Ziegenbalg had translated, mentions the following: »One of our poets writes the following: ›If a person abstains from eating of meat of living animals, every person will raise their hands and salute him respectfully. Yes, all living creatures bow down before him and make their *Calām*.«[18] The form of greeting, *calām*, which is associated with the Hebrew *shalom*, involves the person raising their folded hands above their heads, bending down, and then uttering the word *calām*. It beautifully represents the idea of Tiruvaḷḷuvar's poem.

In addition to the above chapter, Tiruvaḷḷuvar also has another chapter that highlights the virtues of *kollāmai* (›abstaining from killing‹, poems 321–330): Accordingly, a virtue consists of not killing any living being. Ancient ethicists have taught that sharing meatless or life-supporting food is the supreme virtue. Preserving life and keeping truth are important. The best way of life is not killing a living being. Even *kūṟṟuvaṉ* (Skt. *Yama*), the god of death, will shy away from the one who does not destroy any life. If one has to lay down his/her own life, one should not kill another life. One should not kill living things for offering sacrifices in the assumption that these would bring forth great benefits. Ancient wise teachers declare that only poor and wretched people kill living things.

On 17 October 1712, a Tamil author explained in detail what an ordinary Tamil family eats at home. This letter mentions that most people eat *markkaṟi* (›meat of trees‹, i. e., all kinds of vegetables, greens, and fruits, which the land produces). They include greens, plantain, eggplant, bitter gourd, snake gourd, mango, pumpkin, gooseberries, beans, lentils, sweet potato, and the like. People also eat dairy products such as milk and butter. Eating the products of a garden is good for a person's physical health. Before eating, the Tamils take a ceremonial bath (in water bodies); when they return home, they pray to their deities. Some Tamils eat once a day; others may eat twice or thrice a day. Usually, the wife serves food

---

[18] Halle Reports, Vol. I, Continuation 7, 417: »Ein Poet unter uns schreibt folgendes: wer sich enthält von allen Speisen der lebendigen Thiere vor selbigem jedermann die Hände auf mit ehrerbiethiger *Salutation:* vor selbigem neigen sich alle lebendige Creaturen/und machen ihr Schalàm für ihn.«

first to her husband and then to their children. People of some stature recite the prayer of *Pañcāccaram* (›five letters‹, i. e., *na-ma-ci-vā-ya*). In order to dedicate the meal, they sprinkle some water on the food, and then they eat it.[19] As Ziegenbalg translated this letter from Tamil into German, he must have pondered over the Lutheran prayers before and after meals, which he had translated from Luther's Small Catechism.[20]

Thus, the Lutheran missionaries were conscious of traditional Tamil habits of eating and upheld them; by contrast, European traders and colonial masters, who lived among the Tamils, transplanted their European habits of eating and demanded them from their Tamil cooks. In 1750, Benjamin Schultze, who had worked among the Tamils and Europeans in Madras (nowadays: Chennai), published his observations about various matters. They include a conversation between an Englishman and his cook, and it can be summarized as follows:

> Breakfast consisted of bread, butter, cheese, and coffee. Evening meal included what remained from lunch and fried fish. Lunch on Tuesdays included pork, peas, and tea. Lunch on Wednesdays consisted of rabbit meat or meat of a hunted animal, and salad. Lunch on Thursday included different cooked and fried chicken dishes. Lunch on Fridays consisted of roasted mutton and pork. Lunch on Sundays included beef, fried turkey, or pigeon.[21]

Tamil eating habits and Eucharistic practice

Either eating meat or abstaining from it directly affected how the Tamil Lutheran Christians accepted Eucharist. When they sipped wine or fruit juice from the same chalice, their saliva (*eccil*) ritually contaminated it. It is possible that some Tamil Lutherans could not and did not overcome their hesitancy in drinking wine or fruit juice from the same chalice. However, available records from the time of Ziegenbalg do not have any evidence that he used multiple chalices to address this issue. Reports from 1732 indicate the difficulties of administering the same chalice to Tamil Lutheran Christians from *Sūdra* and a*varṇa* backgrounds. Both

---

[19] Ibid. 417–420; for an English translation see Jeyaraj, Hindu-Christian Epistolary Self-Disclosures, 152–155.

[20] Germann, Ziegenbalgs Bibliotheca Malabarica, 2.

[21] Benjamin Schultze, Die auf der Küste Coromandel in Ost-Indien befindliche grosse und berühmte Stadt der Englischen Nation Madras oder Fort St. George …, translated from English by Johann Heinrich Grischow, Halle 1750, 31–34.

the missionaries and their catechists had to admonish these Christians to give up their notion concerning the purity and impurity of drinking from the same cup.[22] The relationship between Lutheran Christians from *Sūdra* and a*varṇa*, particularly Pariah backgrounds, worsened. Therefore, by 1743, the missionaries instructed their schoolmasters to assign different places for the *Sūdra* children and the Pariah children so that they could have their separate places »to learn, sleep, and eat«.[23] The more the Gospel of Jesus Christ made inroads into different sections of the Tamil society, particularly in Tanjore, the capital city of the Kingdom of Tanjore and a citadel for the observance of *varṇa* and *jāti* distinctions, the use of the same chalice for all people produced problems. Christian Friedrich Schwartz, who began to work in Tanjore in 1772, introduced two chalices for administering the wine or fruit juice; nevertheless, now and then members of different *jāti* groups came forward and drank from the same chalice. Schwartz admitted that this practice created »sensation«. He believed that the more the Christians knew the Lutheran doctrines and the more their lifestyle improved, i. e., imitated the lifestyle of those whom they admired, the fewer problems they would face.[24] In any case, Schwartz's colleagues had a different view. For example, missionary Christian Pohle, who worked in the neighbouring Tiruccirāppaḷḷi did not permit the observance of any *jāti* difference at the Lord's Table. On 27 September 1779, he reported that in his congregation the Tamil Lutherans of diverse *varṇa* and *jāti* backgrounds received the same chalice.[25]

Conclusion

It is evident that the Lutheran missionaries to the Tamils were more sensitive to the practical requirements of their converts than their European counterparts

---

[22] Halle Reports, Vol. III, Continuation 33, 879–880.

[23] Halle Reports, Vol. IV, Continuation 48, 1503–1504.

[24] Mission Archives of the Francke Foundations in Halle (Saale), Germany: I C 29 a: 7: In this letter, dated 14 February 1788 addressed to his friend Friedrich Wilhelm Pasche in London, Schwartz mentioned the following: »Selbst bei der Austheilung des Abendmahls sind manchmal einer oder der andere von niederen Geschlechtern zuerst gekommen, welches kein Aufsehen gemacht. Sollten Sie des Sonntags in die Kirche kommen, so würden Sie sich wundern, wie reinlich die vom niederen Geschlecht erscheinen, so daß man öfters sie vorkommen möchte.«

[25] Neuere Geschichte der evangelischen Missionsanstalten zur Bekehrung der Heiden in Ostindien, Halle, Vol. III, Issue 44, 1782, 1424–1425: »Bey mir zu Tirutschirapalli trinken Suttirer und Parreier aus einem Kelch bey dem heiligen Abendmahl. Hierüber ist auch meines Wissens nie ein Streit hier vorgefallen.«

were. European traders and colonial agents tried to maintain their sense of superiority and could not freely interact with the Tamils. By contrast, the missionaries had to live on the terms of the people, whom they invited to embrace Lutheranism. Their reported accounts reveal their views on Tamil food habits: Referring to the biblical narrative of creation and their own European traditions, the missionaries refused to believe that the animals had souls; the Tamils did not share this view; they upheld the notion that all living things had souls. Yet, not all Tamils were vegetarians; the followers of meat-requiring deities, mostly the guardian deities of villages and towns, and members of several *avarṇa* groups ate meat. The Lutheran missionaries and their Tamil partners in their church and mission schools knew the social and religious importance of appropriate diet and upheld it in a dignified manner in their normal social intercourse. However, tensions and problems arose when Tamil Lutherans began to live among fellow Tamils, who resolutely maintained their *jāti* distinctions. Their eating habits mattered and became part of their identity.

(Prof. Dr. Dr. h. c. Daniel Jeyaraj ist Professor of World Christianity, Liverpool Hope University, Großbritannien)

Food and the Search for Identity in Messianic Judaism[1]

Richard Harvey

1. Introduction

My method of approaching this subject is not primarily as an external observer (etic) but rather as an engaged and reflective practitioner (emic) within the Messianic movement participating in a lively and ongoing debate. I was born and brought up in a Reform (Liberal) Jewish home in London, UK, and have been a believer in Jesus (Yeshua) as Messiah since 1974. I use a variety of anthropological, theological and missiological tools and resources to construct a theology of Messianic Jewish identity – not just my own personal identity but a wider social and religious identity for Jews who believe in Jesus, which has implications for the wider church and the Jewish communities in which we situate ourselves.

2. Who are Messianic Jews?

The terms »Messianic Jews« and »Messianic Judaism« are themselves a challenge. A recent book in German captures this with the title »Messianische Juden

[1] This paper is a revision of the lecture given at the »Essen im Religionskontakt«, Jahrestagung der Deutschen Gesellschaft für Missionswissenschaft (DGMW), 6.–8.10.2016, Evangelische Akademie Meißen. The powerpoint presentation that accompanied the lecture is available online at https://www.dropbox.com/s/07o8tqnioi0poxx/meissen%20kosher%20kashrut%20071016FINAL.pptx?dl=0 (7 January 2017). The audio presentation is available online at https://www.dropbox.com/s/cn6vay1foz-z26ur/20161007–090907.m4a?dl=0 (7 January 2017). I am grateful for reception given to the paper, all the comments, questions and feedback received.

– eine Provokation«.[2] In the German context, with its painful history of Jewish-Christian relations up to and after the Shoah, the existence of Messianic Jews is itself problematic.

Messianic Judaism can be defined as a Jewish form of Christianity and a Christian form of Judaism.[3] It is a cultural, religious and theological expression adopted in recent years by an increasing number of Jewish people worldwide who believe that »Yeshua« (as Jews prefer to call Jesus) is the promised messiah. Messianic Judaism finds its expression in Messianic congregations and synagogues and in the individual lifestyle of Messianic Jews who combine Jewish identity with faith in Jesus.

There have always been Jewish believers in Jesus since the time of the early church. These »followers of the way« or Nazarenes were known and accepted by the church fathers Jerome, Justine Martyr, Epiphanius and others. But as Judaism and Christianity went their separate ways in the 4th century it became increasingly unacceptable to both ecclesiastical and rabbinic authorities to grant the legitimacy of their Jewish expression of faith in Christ.[4] Excluded from the synagogue for their belief in the Trinity and the divinity of Christ and anathematised by the church authorities for continuing practice of Jewish customs, these believers came to be known as Ebionites[5] and were constantly suspected of legalism and adoptionist Christology.

Small groups of Jewish Christians survived in the East, and Jewish converts to Christianity were afforded protection in the midst of an anti-Semitic European church by institutions such as the *Domus Conversorum*, the House of Converts. These homes for converts and catechumens were maintained by royal patronage situated in London, Bristol and Oxford in the UK and were found throughout Europe. But it was not until the modern missionary movement and an interest in

---

[2] Ulrich Laepple (ed.), Messianische Juden – eine Provokation, Göttingen 2016. For a recent review see Elisabeth Hausen, Gegen eine neue Ersatztheologie; http://www.pro-medienmagazin.de/kultur/buecher/2016/12/20/gegen-eine-neue-ersatztheologie/ (2 January 2017).

[3] For what follows here see *Introduction* in Richard Harvey, Mapping Messianic Jewish Theology. A Constructive Approach, Carlisle 2009; (German translation) Messianisch-jüdische Theologie verstehen. Erkundung und Darstellung einer Bewegung, Frankfurt et al. 2016.

[4] Whilst the traditional view of the »Parting of the Ways« argues for an earlier date, a new stream of scholarship has challenged this view. See for example Daniel Boyarin, Border Lines. The Partition of Judaeo-Christianity, Philadelphia 2006; and Annette Yoshiko Reed/Adam H. Becker (eds.), The Ways That Never Parted: Jews and Christians in Late Antiquity and the Early Middle Ages, Minneapolis 2007.

[5] Hebrew *evion* – »poor«. A. F. J. Klijn/G. J. Reinink, Patristic evidence for Jewish-Christian sects, Leiden 1973.

missions to the Jewish people that a »community of testimony« of Jewish Christians reappeared.

In 1809 Joseph Samuel Christian Frey, son of a rabbi from Posen in Hungary, encouraged the formation of the London Society for the Promotion of Christianity among the Jews which later became the Churches Ministry among the Jewish people (CMJ).

In 1813 Frey founded the *Beni Abraham* (sons of Abraham), a community of Jewish Christians that met under the auspices of the Church of England. Encouraged by CMJ and other missions, the growing number of self-styled »Hebrew Christians« formed their own Hebrew Christian Alliance of Great Britain (1866), the Hebrew Christian Prayer Union (1882) and the International Hebrew Christian Alliance (1925). They developed their own liturgies and formed Hebrew-Christian churches in Europe, Palestine and the USA.

By the end of the 19th century it was estimated on the basis of baptismal statistics that over a million Jewish people had become Christians, many for reasons of assimilation and emancipation from the ghettoes of Europe so as to have access to commerce, education and secular society. Nevertheless, a recognisable number such as Alfred Edersheim, Adolf Saphir, August Neander and Bishop Samuel Schereschewsky continued to identify themselves as Jews in addition to genuine faith in Christ.

After the Second World War, the Shoah and the establishment of the State of Israel, Jewish believers in Jesus from a new generation were concerned to rediscover their ethnic roots and express their faith from a Jewish perspective. In the wake of the Jesus Movement in the USA in the 1970s the Evangelical Protestant missionary organisation »Jews for Jesus« was formed. At the same time the »Hebrew Christian Alliance of America« changed its name to the »Messianic Jewish Alliance of America« with a new focus on the establishment of Messianic congregations and synagogues.

In Israel a new generation of native-born Israelis (Sabras) were becoming believers in Jesus and starting Hebrew-speaking indigenous congregations. By the end of the 20th century several international networks of Messianic groups had developed with their own particular denominational, theological and cultural distinctives.[6]

---

[6] Richard Harvey, Messianic Jewish National Organizations, in: Festschrift Presented to Father Peter Hocken, private publication 2012; available online at https://www.dropbox.com/s/krw2szf0voh-

Today there are more than 150,000 self-identifying Jewish believers in Jesus worldwide, according to conservative estimates.[7] More than 100,000 are in the USA, approximately 5,000 in Israel, and the remainder are found throughout the approximately 16 million worldwide Jewish population. There are over 300 Messianic groups in the USA and over 120 in Israel. Whilst they are not uniform in their belief and expression the majority adhere to orthodox Christian beliefs on the uniqueness and deity of Christ, the Trinity, the authority of Scripture and so forth, while expressing these beliefs in a Jewish cultural and religious context that affirms the continuing election of the Jewish people and the ongoing purposes of God.

3. Messianic Judaism, food and the search for identity

How do Messianic Jews define their theological perspective on the question of the Jewish food laws? Mark Kinzer defines Messianic Jewish theology as

> [D]isciplined reflection about God's character, will, and works, and about God's relationship to Israel, the Nations, and all creation, in the light of God's irrevocable election of Israel to be a kingdom of priests and a holy nation, and God's creative, revelatory, and redemptive work in Messiah Yeshua. Messianic Jewish theology is rooted in divine revelation (Torah), pursued in the context of Jewish communal life and tradition and in respectful conversation with the entire Christian theological tradition, and informed by prayer, by experience of the world, and by all available sources of human knowledge and understanding.[8]

Kinzer develops a specific shape and outline for the construction of his theological framework, with particular emphasis on ongoing Jewish life, in which the food laws play a key part. According to Kinzer,

myxv/Richard%2B-%2BMessianic%2BJewish%2BNational%2BOrganisations%2B070316a%2B-%2Bfor%2Bsite.docx?dl=0 (3 January 2017).

[7] Richard Harvey, The Conversion of Non-Jews to Messianic Judaism. A Test-Case of Membership and Identity in a New Religious Movement; paper presented at the World Union of Jewish Studies, Hebrew University, Jerusalem, 28 July 2013. Available online at https://www.academia.edu/5383494/Conversion_of_Non-Jews_to_Messianic_Judaism_-_Membership_and_Identity-Issues (3 January 2017).

[8] Mark Kinzer, The Shape of Messianic Jewish Theology (Session 1). What Is Messianic Jewish Theology? (MJTI Lecture, Fuller Theological Seminary, 2005), 1, in: Harvey, Mapping, 46.

> [T]he abolition of the dietary laws is in effect an abolition of the Jewish
> people itself [emphasis his].[9]

My own proposal for Messianic Jewish Theology is more dialectical. I propose
that it is a

> [T]heology constructed in dialogue with Judaism and Christianity, re-
> fined in discussion between reflective practitioners engaged with Mes-
> sianic Judaism, and developed into a new theological tradition based on
> the twin epistemic priorities of the continuing election of Israel and the
> Messiahship of Jesus.[10]

To hold both ›epistemic priorities‹ in creative tension challenges both Jewish
thought, with its majority's non-acceptance of the Messiahship of Jesus, and
Christian theology, which in general takes a supersessionist position on the ongoing election of Israel (the Jewish people).[11] Such is the task and mandate of Messianic Jewish theology.

4. The Jewish dietary laws

The Jewish dietary laws (*kashrut*) are briefly stated in Leviticus 11 and Deuter-
onomy 17, but they have been codified and interpreted over the centuries by rabbinic authorities.[12] To qualify as kosher (»fit« or »pure«) mammals must have
split hooves and chew the cud and fish must have fins and removable scales. Only
certain birds are kosher. Generally speaking, they are birds that are non-preda-
tors. So animals such as the pig and rabbit, birds such as the eagle and owl, fish
such as catfish and sturgeon and all shellfish and reptiles are non-kosher (*treif*,
terefah). Nearly all insects are non-kosher as well, although the Talmud does list
several species of locust which are permitted and continue to be eaten today.

---

[9] Mark Kinzer, Postmissionary Messianic Judaism. Redefining Christian Engagement with the Jewish
People, Grand Rapids 2005.
[10] Harvey, Mapping, 262.
[11] For an overview of supersessionism see R. Kendall Soulen, The God of Israel and Christian Theology,
Minneapolis 1996.
[12] This paper is limited to the consideration of *kashrut* observance and does not engage with other aspects
of food production and consumptions in Jewish life such as animal treatment, the debate of Jewish ritual
slaughter, vegetarianism, workers' conditions and environmental issues. For discussion of these issues
see Mary L. Zamore/Eric H. Yoffie (eds.), The Sacred Table. Creating a Jewish Food Ethic, Cincinnati
2011.

Kosher animals must be ritually slaughtered as in the prescribed manner (*shechita*). This practice is under critical scrutiny in Europe as a humane method of slaughter, and there are many attempts to limit this through legislation, as there is also for *halal* slaughter in Islam.

Meat and dairy products may not be cooked together or consumed together, and kosher food that is processed or cooked together with non-kosher food or any derivative of non-kosher food becomes non-kosher.

So, for example, if you make a cake but decorate it with food colouring that is made from shellfish, then the cake is non-kosher. These are complex laws and many different opinions. Different kosher authorities have different requirements before they award a kosher certificate (*hechsher*) for a food, preparation method, shop or restaurant, and there are different »degrees« of *kashrut*.

Many Jewish people do not, in fact, observe *kashrut* but if they have had some Jewish education they will be aware of this. Many keep kosher at home but eat non-kosher food outside the home. Others keep kosher not according to the biblical and rabbinic stipulations. It is one aspect of the pluriform nature of Jewish identity to have different attitudes towards and practices of *kashrut*. Ultra-Orthodox, Orthodox, Conservative, Reform, Liberal, Reconstructionist and Humanist branches of Judaism all have different understandings and applications of *kashrut*.

5. The koshering of Coca-Cola

One interesting test case for *kashrut* is that of Coca-Cola.[13] Coca-Cola was introduced in 1886 and quickly became an important symbol of American culture and identity. Jewish people immigrating to the USA in the late 19th and early 20th century began to drink it as a sign of their integration into the new culture. But Coca-Cola was not originally kosher. Rabbi Tobias Geffen, the Orthodox rabbi of Atlanta, Georgia, where the Coca-Cola headquarters were situated, discovered that very many of his Jewish congregation were drinking Coca-Cola either without knowing it was not kosher or in full awareness that it was forbidden. Geffen

---

[13] For what follows here see especially Roger Horowitz, Kosher USA: How Coke Became Kosher and Other Tales of Modern Food. Arts and Traditions of the Table, New York 2016; *Kashering Coke* in http://www-jewishvirtuallibrary.org/jsource/Judaim/Kashering_Coke.html (4 January 2017). For a review of Horowitz see Jordan Rosenblum, Review of Horowitz, Roger, Kosher USA. How Coke Became Kosher and Other Tales of Modern Food, H-Judaic, H-Net Reviews, November 2016; http://ww.h-net.org/reviews/showrev.php?id=48043 (4 January 2017).

approached the Coca-Cola Company and was given permission to review the list of ingredients in Coke's secret formula provided he swore to keep them in utter secrecy.

Rabbi Geffen found that there was glycerine made from non-kosher beef tallow from the part of a kosher animal that cannot be eaten.[14] There were also traces of a by-product of grain kernels, which counted as leaven (*chametz*) and could not be eaten at Passover. Geffen persuaded the Coca-Cola Foundation to reduce the amount of glycerine from non-kosher beef tallow. According to a laboratory chemist, the glycerine was present in only one part per thousand of the mixture, which would have been sufficient to receive kosher certification, which allowed that one part per 60th is enough to be diluted, and if unintentionally added. Geffen ruled that since this glycerine was a planned rather than an accidentally added ingredient observant Jews could not knowingly tolerate its inclusion, and Coke failed to meet Geffen's standards. The company's laboratory research scientists then produced a substitute for tallow-based glycerine and discovered that Proctor and Gamble produced glycerine from cotton seed and coconut oil. They agreed to use this new ingredient, and Geffen gave his *hechsher*, his rabbinic seal of approval, and Coke became kosher.

The second problem was the consumption of Coke during Passover when no leaven is permitted. The small traces of alcohol in Coke were a bi-product of fermented grain kernels. This was not permitted, and so the formula was changed at Passover time to include vegetable-based glycerine. Sweeteners produced from beet sugar and cane sugar were substituted for grain-based ones without compromising Coke's taste. The company agreed to start manufacturing Coke with the new sugars several weeks before Passover each year.

Geffen was able to conclude:

> Because Coca-Cola has already been accepted by the general public in this country and because it has been an insurmountable problem to induce the great majority of Jews to refrain from partaking of this drink I have tried earnestly to find a method of permitting its usage. With the help of God I have been able to uncover a pragmatic solution in which there would be no question nor any doubt concerning the ingredients of Coca-Cola.[15]

[14] Leviticus 3:14–17.
[15] http://www.jewishvirtuallibrary.org/jsource/Judaism/Kashering_Coke.html.

6. Explanations for the *kashrut* system

Many explanations for the origins of *kashrut* have been proposed. For rabbinic Jews it is enough to know that these are commandments given by God, and we do not need to know the reasons for them. Yet theologians, social scientists and others have produced different explanations for this complex system of food laws. These include: philosophical rationalisation, health reasons, reasons of dietary cleanliness and anthropological theories. One significant contribution to the discussion« has been that of Mary Douglas in her work »Purity and Danger« and other works where she expands on the forbidden animals in Leviticus.[16] Jacob Milgrom's commentaries on Leviticus make use of Mary Douglas.[17]

Douglas's anthropological insights are helpful in the development of ecclesiology and the understanding of the relationship of the nations to Israel. Douglas sees the division of the animals into holy (fit for sacrifice), clean (fit for daily consumption) and abominations (not permitted) as a mapping of humankind. In the mind of the Priestly writer (P), the assumed source behind Leviticus, the human species are divided into the nations, the people of Israel, and, within Israel, the Levitical priesthood (*kohanim*). The animals are a gastronomic representation of humanity, the unclean representing the nations, the clean representing the House of Israel and the sacrificial animals which are accepted and prepared as representing the priests. The same applies to the three types of birds: the carrion and predators are unclean, the clean birds are those that may be consumed and the sacrificial birds are offered in the tabernacle and temple sanctuary. Douglas's theories have not been universally accepted, but have relevance to the discussion of the food laws in the New Testament and the practices of Jesus, Paul and the early church, as will be seen below.

---

[16] Mary Douglas, Purity and Danger. An Analysis of Concepts of Pollution and Taboo. London 1966; Mary Douglas, Deciphering a Meal, in: Daedalus: Journal of the American Academy of Arts and Sciences vol. 101 no. 1 (winter 1972), 61–81.

[17] See Jacob Milgrom, Leviticus 1–16. Vol. 1 of Leviticus Anchor Bible Commentary Series, New York 1991. Jonathan Klawans, Ritual Purity, Moral Purity, and Sacrifice, in: Jacob Milgrom's Leviticus. Review of Jacob Milgrom's Leviticus, in: Religious Studies Review 29 no. 1 (2003), 19–28.

7. *Kashrut* in the Jewish community

Observance of *kashrut* is not essential to being Jewish. 22 % of USA Jews and 60 % of Israeli Jews keep kosher in the home, but others do not, according to recent surveys.[18]

According to *A Portrait of Jewish Americans*, a Pew Research Centre Study on American Jewish beliefs and practices, approximately 22 % of American Jews keep kosher in their homes. Those who identify as Orthodox or Modern Orthodox were most likely to keep kosher homes, at rates of 98 % and 83 % respectively. 31 % of Jews who identified as Conservative reported that they kept kosher, while 7 % of Reform respondents upheld the practice. Of survey respondents who claimed no particular affiliation, 10 % kept kosher in the home.[19]

A similar Pew Research Survey of Israeli Jews[20] reveals that in Israel some 52 % keep kosher at home, versus just 14 % of non-Orthodox Jews in America.

The *Encyclopedia of Judaism* states:

> It is not unusual for families to maintain a kosher home but eat non-kosher food outside the home. Some Jews choose only to refrain from pork and shellfish, but eat non-kosher beef and chicken. An observant Jew believes that one must keep kosher inside their home and outside to maintain the correct practice of *halakhah*.[21]

My wife was brought up in a traditional orthodox Jewish home in London, where my mother-in-law kept a kosher home strictly, but when she went out to a restaurant her favourite item on the menu was lobster. This was typical of her family.

So is keeping kosher essential to being Jewish? The Pew research discovered that for Jews in the USA there were other essential factors:[22]

[18] Giora Shimoni, Do All Jews Keep Kosher?; online at http://kosherfood.about.com/od/kosherfaq/f/jewskeepkosh.htm (4 January 2017).

[19] Pew Research Centre, 1 October 2013, A Portrait of Jewish Americans. Pew Research Center Survey of U.S. Jews, available online at http://www.pewforum.org/2013/10/01/jewish-american-beliefs-attitudes-culture-survey/ (4 January 2017).

[20] Pew Research Centre, 8 March 2016, Israel's Religiously Divided Society, available online at http://assets.pewresearch.org/wp-content/uploads/sites/11/2016/03/Israel-Survey-Full-Report.pdf (4 January 2017). The Israel survey does not use denominational affiliations but uses four categories: Haredi (Ultra-Orthodox) 8 %, Dati (Religious) 10 %, Masorti (Traditional) 23 % and Hiloni (Secular) 40 %.

[21] Sara E. Karesh/Mitchell M. Hurvitz (eds.), Encyclopedia of Judaism, New York 2007, 269.

[22] Pew Research Center Survey of U.S. Jews, 14.

Remembering the holocaust	73 %
Leading an ethical and moral life	69 %
Working for justice and equality	56 %
Being intellectually curious	49 %
Caring about Israel	43 %
Having a good sense of humour	42 %
Being part of a Jewish community	28 %
Observing Jewish law	19 %
Eating traditional Jewish food	14 %.

Keeping kosher is reported as being the least important factor to American Jews on what is essential to being Jewish. It is not a primary identity marker for the majority of Jewish people. When considering religious observance in the home, it is also less significant than other practices:[23]

Keeping the Passover Seder	70 %
Fasting on Yom Kippur	53 %
Lighting Sabbath candles	23 %
Keeping kosher	23 %
Avoiding use of money on the Sabbath	13 %.

8. Messianic Jews and *kashrut*

This provides a brief overview of Jewish community attitudes and observance of *kashrut*, so what about Messianic Jews? This is a defining issue for Messianic Jewish identity and theology, and so it is not surprising that the range of views reflects that of the wider Jewish community.[24]

Messianic Jews explore the biblical and rabbinic traditions, consider the practice and teaching of Jesus and the first Messianic Jews and make practical recommendations about how and to what degree the food laws should be observed today. As in the Jewish community, there is considerable variety of interpretation and implementation of these practices. In addition, for Messianic Jews, the balancing

[23] Ibid. 77.
[24] For what follows see the detailed discussion in Harvey, Mapping, 203–212.

of the principles of the liberty of the individual over matters that are not essential to faith, the need to maintain unity in the *ekklesia* and the call to a Torah-observant lifestyle produce a variety of responses on the issue. I have used the criteria of ›Torah-negative‹ and ›Torah-positive‹ to describe the range of opinion.

a. »A sign of weakness«

On the ›Torah-negative‹ side of the spectrum, Baruch Maoz considers observance of *kashrut* »a sign of weakness«. The Apostle Paul's teaching makes clear that the Gentiles are to bear with the weakness of those among their Jewish brethren who still had qualms about certain aspects of Jewish tradition [Romans 14:16–15:13].[25]

Paul, according to Maoz, is ›*convinced that nothing is unclean in itself* (Romans 14:14)‹ [emphasis his].

> Everything is kosher, everything is acceptable to be received and eaten with thanks to God, the gracious Provider (see 1 Tim. 4:4). The dietary restrictions imposed upon Israel by the commandment of God and as an integral part of the Mosaic covenant are no longer binding (see also Mark 7:14–19). Whoever thinks something to be unclean, it is unclean in his own mind (not in and of itself, Rom. 14:14). So, do not wound the oversensitive and misinformed conscience of your brother by demonstratively partaking of foods that offend his conscience (14:15).[26]

Maoz is critical of those Messianic Jews who do observe a form of *kashrut*.

> Messianic Jews pick and choose aspects of Judaism to which they will adhere … Few maintain a truly kosher kitchen. If they keep kosher, most keep what they describe as a ›biblical *kashrut*.‹[27]

For Maoz this is highly unsatisfactory. Citing the study by Feher,[28] he concludes:

> In what sense can such practice be construed as traditional Judaism, which rejects such a version of *kashrut* and insists that only traditional

[25] Baruch Maoz, Judaism is not Jewish. A Friendly Critique of the Messianic Movement, Fearn 2003, 94.
[26] Ibid. 169.
[27] Ibid. 241. ›Biblical *kashrut*‹ allows for the mixing of milk and meat dishes, but still forbids pork, shellfish and other prescribed foods.
[28] Shoshana Feher, Passing Over Easter. Constructing the Boundaries of Messianic Judaism, Walnut Creek 1998, 83.

Jewish practice – the Halacha – may determine what is to be eaten, when and how. Feher is right [page 83] when she says ›They keep kosher in order to identify with Judaism, and yet, because they choose to keep biblical *kashrut* they end up by not belonging. Messianics' attempts to achieve balance creates a contradiction: in seeking to offend no one, they potentially offend everyone.‹[29]

For Maoz »this unsystematic and insensitive approach does more harm than good«.

Repeated efforts by Messianic Jews to force Christian meanings into Jewish traditions are as much an offence to Orthodox Jews as any one could imagine. It certainly does not convey a sense of honest loyalty to those traditions.[30]

Maoz himself does not keep kosher.[31] His own Israeli identity does not require it, and he is not impressed by those who argue for a modified *kashrut*. He notes the range of *kashrut* observance reflects that of the Jewish community. Some keep kosher strictly. Some keep kosher in the home but not when eating out. Others advocate a ›biblical *kashrut*‹. An additional group, probably the majority of Messianic Jews, do not observe *deliberately and for theological reasons*, stressing their freedom in Christ and that they are no longer ›under the law‹.

b. »A ham sandwich in Harlem«

Arnold Fruchtenbaum argues that the ritual laws are no longer in effect, as with the coming of the Messiah the Mosaic covenant has been rendered inoperative. He can see no useful function for the food laws. The dietary laws no longer apply to a believer in Jesus, but there is freedom to keep them if appropriate.

This he said making all foods clean. Can it be any clearer than this that at least the dietary commandments have been done away?[32]

For practical purposes Fruchtenbaum urges sensitivity.

---

[29] Maoz, Judaism Is Not Jewish, 241, quoting Feher, 83.
[30] Ibid. 241.
[31] Personal interview and meal with author, 9 September 2006.
[32] Arnold Fruchtenbaum, Israelology. The Missing Link in Systematic Theology, Tustin 1992, 648.

I would not eat a ham sandwich in the Mea Shearim (ultra-orthodox) quarter of Jerusalem. But here even total abstention is not the answer. Eating meat sacrificed to idols was permissible in certain situations, and I have no problem eating a ham sandwich in Harlem where the culture is not against it.[33]

c. »Biblical *kashrut*«

Barney Kasdan observes a ›biblical *kashrut*‹ which is ›not overburdened with rabbinic legislation‹. He notes the variations found in the Jewish community on the topic and admits:

> As with the traditional Jewish community, there is also a great deal of diversity among believers in Yeshua when it comes to *kashrut*. Many follow what might be described as a ›biblical kosher‹ approach. This lifestyle shows deference to the biblical dietary laws. Hence, only kosher animals are eaten: the *tareyf* animals are avoided.[34]

Kasdan questions the traditional reading of Mark 7 that ›these words of Yeshua negate all of *kashrut*‹. Yeshua clearly upheld the Torah (Matthew 5:17). What is at issue is not whether all foods have now become *kosher*, but whether the ›higher principle‹ behind the dietary laws was ›always to be spiritual. God is always looking at the heart before the diet‹.[35]

> The question was *not* one of non-kosher foods. Presumably, the food under discussion was considered biblically kosher. The main question was whether or not this kosher food would be rendered as *tareyf* because the disciples did not follow the rabbinic practices. Contrary to popular belief, Yeshua was not pronouncing the arrival of ›kosher bacon,‹ but was simply affirming the priority of the Scriptures over the authority of the rabbis.[36]

Kasdan then challenges the later rabbinic injunctions on the mixing of milk and meat.

> A question is often raised as to what to do with the extra-biblical customs the rabbis have included. There is broad consensus, considering the teaching of the New Testament, that Messianic believers are not *bound* by the traditions of man [sic]. The mixing of milk and meat, for example,

---

[33] Arnold Fruchtenbaum, Hebrew Christianity. Its Theology, History and Philosophy, Tustin 1983, 131.
[34] Barney Kasdan, God's Appointed Customs, Baltimore 1996, 110.
[35] Ibid. 107.
[36] Ibid.

while an Orthodox Jewish tradition, is not a biblical law. This means that the laws pertaining to separate dishes, silverware and pots are really not an issue in seeking to live a biblical lifestyle.[37]

Kasdan is willing to allow flexibility.

> Of course, there are those who may choose to follow elements of rabbinic tradition. This is fine as long as it does not contradict Scripture and is done in the right spirit. A Messianic believer may want to buy meat from a kosher butcher and/or keep separate dishes. Some believers may prefer some modifications. Whatever approach a Messianic believer takes to *kashrut*, it is wise to walk in love and to heed the New Testament's council: ›whatever you do, whether it's eating or drinking or anything else, do it all so as to bring glory to God‹ (I Corinthians 10:31).[38]

Kasdan, Juster and Schiffman reflect the majority preference of the movement for a modified ›biblical kosher‹ or ›Karaite‹ form of *kashrut*, although there is little evidence that this form of *kashrut* was observed by Yeshua and his disciples. The rationalisation to an easier, more flexible system retains a modified form of the food laws. But Maoz's critique, whilst based on the arguable premise that Mark 7 does invalidate the food laws for both Jews and Gentiles, nevertheless points to the difficulty of maintaining such a position.

Moaz and Fruchtenbaum represent what I call ›Torah-negative‹ Messianic Judaism[39], but the majority of Messianic Jews are ›Torah-positive‹ and most become more observant of *kashrut* on becoming believers in Jesus. A survey of 1567 North American Jews by Andrew Barron found greater degrees of observance in all age groups. »With regard to traditional Jewish food observances, and without providing specifics, we see a consistent increase in orientation across age groups towards this practice.«[40]

---

[37] Ibid. 110.
[38] Ibid.
[39] See the taxonomy of eight types of Messianic Jewish theology in Harvey, Mapping, 267–277.
[40] Andrew Barron/Beverly Jamison, A Profile of North American Messianic Jews, San Francisco 2014, 40.

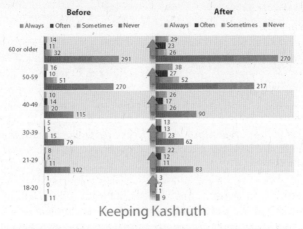

Keeping Kashruth

Figure 1 – *Kashrut* observance before and after belief in Jesus, Barron/Jameson, 2014

This is in accord with the general trend that Jews who become believers in Yeshua become more observant.

d. Reinterpreting Mark 7:19b

David Rudolph's advocacy of *kashrut* challenges the reading of Mark 7:19b: ›thus he declared all foods clean' (NRSV). According to Rudolph, the alternative minority reading of ›the body purging itself of all food‹ better accounts for the original sense of the passage. The primary intention of the writer was not to declare that *kosher* food is the same as *treif*, but to release the Gentiles from the necessity of observing the food laws of the Torah, which are still incumbent on Israel.[41] Jesus' parable in Mark 7:14–19a and Mark's comment in 7:19b uphold the ›validity of the Torah purity system‹ and that Jesus' aim was ›prioritisation, not abrogation‹ of the food laws.

> Mark's parenthetical comment was specifically intended for Gentile Christians (an important nuance), and may have served to establish

---

[41] David J. Rudolph, Jesus and the Food Laws: A Reassessment of Mark 7:19b, in: Evangelical Quarterly 74/4 (October 2002), 311.

theological justification for the Apostolic decree that exempted Gentile Christians from the food laws.[42]

Rudolph assumes that Messianic Jews retained *kashrut*, and recognition of this ›Jew-Gentile ecclesiological variegation is essential to understanding the early Church's reading of Mark 7‹. It is clear that

> Jesus was a Torah faithful Jew who observed the biblical dietary laws and that his disciples (all Jews!) did the same as well. The continuing validity of Israel's dietary laws for Jewish Christians raises a number of compelling questions for modern Christian theology, which continues to associate clean/unclean food distinctions with legalism for Jewish Christians.[43]

Rudolph's exegetical study affirms the importance of the food laws for Jewish believers in Jesus in the light of later Christian anti-Judaism.

> The preponderance of evidence, therefore, suggests that the later Gentile Church teaching that Jewish Christians were ›freed‹ from these laws on the basis of Mark 7:19b (and that eating unclean food was even a test of their fidelity to Jesus!), is spurious. Such a break with Judaism – on the part of Jewish Christians – would have been a ›distortion of Jesus' own vision and intention.‹[44]

Although Rudolph does not develop a rationale and guide for contemporary observance of the food laws, his arguments have been taken up by others in the movement.[45]

e. Preventing the abolition of the Jewish people

Mark Kinzer builds on Rudolph's work.[46] Kinzer re-situates the first Jewish believers in Yeshua in the Jewish context of their day and re-structures the biblical metanarrative in such a way that the continuing election of Israel makes Torah observance for Messianic Jews a normative requirement. *Kashrut* is a cornerstone of Torah observance and Jewish identity. Kinzer argues for a reading of scripture which accepts this continuing validity.

---

[42] Ibid. 310.
[43] Ibid.
[44] Ibid.
[45] For example David H. Stern, JNTC, 93–94.
[46] Kinzer, Postmissionary Messianic Judaism, 57, fn. 15.

> If Yeshua abolished the dietary laws, then why did his Jewish followers (such as Peter in Acts 10) require special divine intervention before they would even sit at table with non-Jews?[47]

Kinzer's hermeneutics favours ›plausible readings of the New Testament that support the ongoing validity and spiritual significance of the Jewish people and distinctive way of life‹. He is therefore emphatic:

> *The abolition of the dietary laws is in effect an abolition of the Jewish people itself* [emphasis his].[48]

Like circumcision, Sabbath and the festivals, the Torah's dietary regimen ›serves as a fundamental sign of the particular vocation and identity of the Jewish people‹,[49] and this in itself provides ›strong theological grounds‹ for a ›non-abolitionist reading‹ of passages such as Mark 7:19.

Kinzer draws on contemporary revisionist New Testament scholarship on Jesus and Paul as exemplified by Paula Fredericksen, Mark Nanos, Magnus Zetterholm and Daniel Boyarin.[50] He challenges the traditional view that both Jesus and Paul abrogated the Torah and what rabbis said about ritual purity and particularly about handwashing, but he did not change the fundamentals of what was clean and unclean in terms of permitted animals and non-permitted animals.

Kinzer develops his argument in his engagement with N. T. Wright's reading of Mark 7:19b:

> Upon careful analysis, we find that Wright has little evidence to support his interpretation of Jesus' approach to Israel's symbols. This conclusion is buttressed by examining the one story which appears to provide the compelling evidence which he elsewhere lacks: Jesus' confrontation with the Pharisees concerning hand-washing.[51] Wright asserts three inter-related propositions concerning this narrative: (1) The parenthetical explanation in Mark 7:19b (»Thus he declared all foods clean«) implies that the final editor of Mark's Gospel believed that Jesus had abolished the dietary laws, i. e., Jews were no longer obligated to observe them; (2) This understanding of the Markan parenthesis accurately reflects the intention of Jesus, as expressed in the rest of Mark 7:1–23; (3) Matthew's

[47] Ibid. 58.
[48] Ibid.
[49] Ibid.
[50] Mark D. Nanos/Magnus Zetterholm (eds.), Paul within Judaism. Restoring the First-Century Context to the Apostle, Minneapolis 2015; see also Isaac W. Oliver, Torah Praxis after 70 C. E. Reading Matthew and Luke-Acts as Jewish Texts, Tübingen 2013.
[51] Mark 7:1–23; Matthew 15:1–20.

version of the story, while excluding the Markan parenthesis, reiterates its message, i. e., Jesus had abolished the dietary laws. Wright's overall argument requires that all three of these propositions be true, for he contends that both Jesus and the entire early ekklesia held that the dietary laws had been superseded. This is a problem for Wright, since proposition 2 is improbable, while proposition 3 is palpably false.[52]

Kinzer adopts Conservative *halacha* on the issue of *kashrut*.[53] As a member of the MJRC (Messianic Jewish Rabbinical Council) of New England, a federation of Messianic Jewish synagogues in the north-east, he and others have produced rulings on a number of Halachic matters. Whilst such rulings have no authority beyond those congregations which participate in the MJRC, they signal an increasing tendency for Messianic Judaism to mirror in its practices, if not its beliefs, the canons of contemporary Conservative Judaism.

The fundamental requirements of *kashrut* are clear from scripture. Pork, shellfish and food containing their elements such as lard are to be avoided. Fruits, grains and vegetables are permitted, as are fish with fins and scales. The MJRC follows Conservative *halacha* in considering swordfish and sturgeon acceptable as part of ›our basic practice‹. Meats (except from the hindquarters) from cattle, lamb, goat or deer and from most common fowl (e. g., chicken, turkey, goose and duck) may also be eaten. The same applies to gelatin, cheese and wine.

> 5.2.1 For our basic practice we will adopt the standards of the Conservative Movement that treat all gelatin and cheese as acceptable.[54]

> However, wine need not be prepared under supervision except for liturgical purposes.

> 5.2.2 All wines or other alcoholic beverages are acceptable. In the case of Jewish ceremonies only kosher wine or grape juice should be used.[55]

[52] Mark Kinzer, Jerusalem Crucified, Jerusalem Risen. N. T. Wright, the Apostolic Message, and the Jewish People, USA, Eerdmans 2017 (forthcoming), 63ff.; (pre-publication copy) commenting on N. T. Wright, Jesus and the Victory of God. Christian Origins and the Question of God, v. 2, London 1996, 179ff.

[53] Gilbert S. Rosenthal, The Many Faces of Judaism. Orthodox, Conservative, Reconstructionist and Reform, New York 1978, 113.

[54] MJRC, Collected Halakhic Decisions (May 2006); (draft pre-publication paper of the Messianic Jewish Rabbinical Council of New England; email attachment from Mark Kinzer, 20 June 2007), 11.

[55] Ibid.

Shechitah is a preferred requirement, and ideally all meat shall be prepared in the traditional way, but where this is impractical, other means may be used.

> 5.3.1 The most basic Biblical dietary law, addressed not only to Israel but also to the nations of the world in Noah, involves avoiding the eating of blood (i. e., foods that are cooked in or with blood). Concern to guard this core dietary law led to the institution of Shechitah – the Jewish ritual slaughter of animals and preparation of meat. Therefore, ideally it is recommended that meat be purchased from a kosher butcher.

> However, given the difficulty in many places of obtaining kosher meat, our basic practice will not involve eating only meat from a Kosher butcher (i. e., meat slaughtered and prepared according to the laws of Shechitah). It will involve urging that we avoid meat from the hindquarters of permitted four-legged animals (a practice rooted in Jacob's injury in Genesis 32).[56]

The separation of milk and meat products should be observed, again following a more lenient Conservative practice.

> Our basic standard should urge that people avoid eating meat products (including fowl) and obvious dairy products (or foods containing obvious dairy products) together in a given meal. Meat may be eaten after eating obvious dairy foods without any time interval, though they should not be present together at the same table. After eating a meat meal, the minimum time interval before eating obvious dairy products should be one hour.[57]

Eating in restaurants that are not kosher is permitted, but should be done with discernment.

> When eating out, the above standards may be relaxed, but one should continue to avoid all meat (and meat-products) from unkosher animals (e. g., pig, shellfish). Beyond this basic practice, we commend the eating of non-meat meals when eating in non-kosher facilities.[58]

---

[56] Ibid. 11–12.
[57] Ibid. 12.
[58] Ibid.

f. Conclusion: ecclesiological and missiological implications

A number of theological, anthropological and social psychological concerns are at work in the various practices of *kashrut* in Messianic Judaism. The development of Messianic *kashrut* must reckon with the orthopraxy advocated by the Jewish religious establishment; the different interpretations of the New Testament practices and teaching of Yeshua and the first Messianic Jews; the need to be culturally appropriate and sensitive and the possibility of variety rather than uniformity in such issues. What is missing from the present discussion is a more systematic theology of Torah which confirms and justifies the validity of the food laws, not simply as boundary markers, but with their own inherent theological rationale. This might be developed from a more historical, anthropological and theological reading of the Pentateuchal legislation and a more detailed discussion of the place of the food laws within Jewish history and identity formation.

For Messianic Jews to practise forms of *kashrut* within the *ekklesia*, what is also required is an increased ecclesiological awareness of the »One New Man« which retains differentiation and distinctives within the Church as the Body of Christ between Israel and the nations and recognises the theological significance and contribution of Jewish believers in Yeshua.[59] Observance of the Jewish food laws within the Church has generally been frowned upon and even anathematised.[60] What a place is there for Torah-observing Yeshua-believing Jews within the body of Christ? Is this actually part of the ongoing purposes of God for Israel and the Church or rather an obstacle for good Jewish-Christian relations? But that is beyond the scope of this paper and is a topic for another conference.[61]

From a missiological perspective, in the light of the discussion above, it is difficult to conceive of anything that could be more offensive or shocking to the Jewish people and their food laws than the continued presence and public display of the »*Judensau*«. There are more than thirty of these sculptures that exist in German churches, the most prominent example of which is on the external wall

---

[59] For »One New Man« ecclesiology see Markus Barth, Ephesians 1–3. A New Translation with Introduction and Commentary, New Haven 1974; David B. Woods, Jew-Gentile Distinction in the »One New Man« of Ephesians 2:15, in: Conspectus vol. 18 (September 2014), 95–135.

[60] With some exceptions, such as the Ethiopian Orthodox Church. Cf. Tom Boylston. Food, Life, and Material Religion in Ethiopian Orthodox Christianity: The Ethiopian Orthodox Church, in: Janice Boddy/ Michael Lambek (eds.), A Companion to the Anthropology of Religion, Hoboken 2013, 257–273.

[61] Richard Harvey, Messianisches Judentum im deutschen Kontext. Gedanken eines Beobachters, in: Laepple (ed.), Messianische Juden, 127–140.

of the Stadtkirche in Wittenberg, where Martin Luther preached. This deliberately anti-Jewish statue mocks in an abusive and obscene way the Jewish avoidance of pork, by showing a Rabbi with his hand in the pig's backside and Jewish children suckling the pig's teats. Luther himself, in his work *Vom Schem Hamphoras* (1543), comments on the *Judensau* sculpture at Wittenberg, echoing the anti-Judaism of the image and locating the Talmud in the sow's bowels:

> Here on our church in Wittenberg a sow is sculpted in stone. Young pigs and Jews lie suckling under her. Behind the sow a rabbi is bent over the sow, lifting up her right leg, holding her tail high and looking intensely under her tail and into her Talmud, as though he were reading something acute or extraordinary, which is certainly where they get their Shemhamphoras.[62]

The sculpture continues to cause offence and defame Jewish people and their faith. It needs to be removed to another location so it is not publicly displayed on the external wall of the church and properly housed and explained elsewhere. Otherwise Jewish people continue to experience the anti-Semitic power of such an abusive image and their worst fears about the nature of the Christian faith are confirmed. If the Church is truly repentant over such images, it must take steps to remove them from such prominent display.[63]

Therefore food has profound implications for both the construction of Messianic Jewish identity and Jewish-Christian relations. If we wish to be sensitive to the inter-cultural and missiological aspects of the Jewish food laws, Christians need to remove the offence caused by deliberately mocking the Jewish avoidance of pork.

If Christians want to show sensitivity and respect towards the Jewish people, they need to demonstrate repentance by removing such an offensive object.

(Richard Harvey, PhD, ist Associate Lecturer in Hebrew Bible und Messianic Jewish Studies am All Nations College, Easneye, Ware, Hertfordshire in Großbritannien)

[62] Martin Luther, On the Ineffable Name and On the Lineage of Christ, in: Brooks Schramm/Kirsi Stjerna (eds.), Martin Luther, the Bible, and the Jewish People, Minneapolis 2012, 180.
[63] Richard Harvey, Petition to Remove the Judensau; online at https:/www.change.org/p/remove-the-wittenberg-judensau (6 January 2017).

ABSTRACT

Messianic Jews define themselves as both Jewish and as believers in Jesus, so their approach to the Jewish food laws (*kashrut*) provides a test case for their theology and identity construction. This paper introduces the phenomenon of Messianic Judaism and develops a Messianic Jewish perspective on *kashrut*, giving historical, theological and anthropological insights into Jewish practice and how Messianic Jews interpret and apply *kashrut*. The case study of Coca-Cola shows the development of Jewish practice. Statistics on Messianic Jewish observance of *kashrut* are discussed. Recent New Testament scholarship on Jesus, Paul and the early church and the food laws is reviewed. The missiological and ecclesiological significance of ongoing *kashrut* observance by Jewish believers in Jesus is also recognised.

Ein wahrer Hindu isst nichts, das Augen hat«[1]

Die Bedeutung der Nahrung für die Hindu-Identität im Altertum und im heutigen Hindunationalismus

Renate Syed

Einleitung

»Hinduismus« ist die westliche Bezeichnung[2] für die Gesamtheit aller auf dem indischen Subkontinent einschließlich des heutigen Pakistan in vier Jahrtausenden entstandenen Anschauungen und Religionen; gleichzeitig ist der sogenannte »Hinduismus« die spirituelle Richtschnur und soziale Lebenspraxis all jener Menschen, die sich als »Hindus« bezeichnen, und dies unabhängig von ihren jeweiligen Glaubensinhalten. Der Hinduismus ist eher Lebenspraxis oder Orthopraxie und »Lifestyle« (s. u.) als Glaubensinhalt oder Orthodoxie; da der Hinduismus keine Kirche und kein Dogma, keine institutionalisierte Religion und Religionsverwaltung, keinen Stifter, keine Propheten und Kirchenväter, kein Bekenntnis und keine Beichte kennt, ist »Religion« oder Glaube in jeder Form möglich und Privatsache, sei dies Monotheismus, Polytheismus, Henotheismus, Pantheismus oder Non-Theismus. Allerdings gestaltet und reguliert der Hinduismus als Lebenspraxis die Gesellschaft, die Familie, das Individuum und seinen

---

[1] »A real Hindu eats nothing with eyes«, war die Aussage eines Hindu, den die Autorin im Herbst 2015 in der Stadt Haridvar traf.

[2] Die Achämeniden nannten in ihren Inschriften im 6. Jahrhundert v. Chr. den Fluss Sindhu, den heutigen Indus, »Hindu«. Die Griechen (»Indoi«), die Römer (»Indiae«), die Muslime (»Hindu«) und die Briten (»Hindoo«) verwendeten den Begriff für die dortigen Bewohner in verschiedenen Schreibweisen; die Muslime bezeichneten Indien als »Hindustān«, »Ort der Hindus«. »India« oder »Indien« sind ebenfalls Fremdbezeichnungen, die »Inder« nennen ihr Land bis auf den heutigen Tag »Bhārat« nach dem altindischen Stamm der Bhārata.

Alltag stark; kennzeichnend für Indien[3] ist das hierarchisch geordnete System der Kasten, *varṇa*, wörtlich »Farbe«, das bereits in der vedischen Kultur um 1800 v. Chr. belegt ist[4] und als Lebenswirklichkeit und Ordnungsprinzip das Leben der Mehrheit der Hindus bis heute maßgeblich regelt, etwa hinsichtlich Heirat, Beruf und gesellschaftlichem Umgang.[5] Auch die Nahrung, d. h. was, wie und mit wem man isst, vor allem aber, was und wie und mit wem man *nicht* isst, unterliegt den Gesetzen der Kasten.

Hinsichtlich seiner »eigen-artigen« Kultur[6] sind Indiens Gestalt als »(Halb-) Insel« und seine natürlichen Grenzen zu bedenken: Der Kontinent wird im Westen und Osten durch im Süden zusammentreffende Meere und im Norden durch den »Riegel« des Himalaya, des höchsten Gebirges der Welt, begrenzt. In diesem

[3] Die Begriffe »Indien« und »indisch« beziehen sich in diesem Artikel auf das hinduistische Indien und die Hindus. Die Bevölkerung Indiens beträgt mehr als 1,2 Milliarden Menschen, von denen mehr als 80 % Hindus sind.

[4] Etwa im *R̥gveda*, dessen Alter schwer zu bestimmen ist. Einige Indologen datieren die ältesten Hymnen des *R̥gveda* auf die Zeit um 1800 v. Chr., andere geben eine etwas spätere Zeit an. In *R̥gveda* 10.90.12 werden die vier *varṇas*: Brahmanen (Lehrstand), Krieger (Wehrstand), Volk (Nährstand) und Śūdras (Dienstboten) genannt und hierarchisch geordnet, mit den Brahmanen an der Spitze. Im später sich differenzierenden Kastensystem umfasste jede der vier *varṇas* zahlreiche *jātis*, »Geburtsgruppen«, die ebenfalls hierarchisch zueinander geordnet waren. Was heute unter einer »Kaste« verstanden wird, ist die durch Endogamie und Kommensalität, lokalen Sitz und oft Beruf gekennzeichnete *jāti*. Jede *jāti* setzt sich wiederum aus zahlreichen exogamen *gotras*, Clans oder Sippen, zusammen.

[5] Artikel 15 der indischen Verfassung von 1949/1950 enthält das »Verbot der Diskriminierung aus Gründen der Religion, der Rasse, der Kaste, des Geschlechts oder Geburtsortes«. Somit steht die Diskriminierung einzelner, vor allem »tiefer« und »unberührbarer« Kasten und ihrer Angehörigen unter Strafe; die Kaste selbst wird jedoch als soziales Faktum verstanden. Art. 17 bestimmt: »Die ›Unberührbarkeit‹ ist abgeschafft; ihre Ausübung in irgendeiner Form ist verboten.« Das sozial praktizierte System der Kasten konnte nicht verboten werden, dazu war es im Denken, Sein und Handeln der Mehrheit der Hindus zu präsent und zu mächtig, aber auch ungreifbar, quasi nicht justiziabel oder mit den Mitteln der Justiz zu behandeln. Siehe Verfassung der Republik Indien (1949), verfassungen.net. Die Kaste ist eine derart wirkmächtige Kraft, dass die Volkszählung des Jahres 2011, der »Census of India«, kastenbasiert war. Weil man die unterprivilegierten Kasten fördern will, muss man diese benennen, als solche behandeln und von anderen Kasten abgrenzen.

[6] »Eigenartig« in dem Sinne, als die Inder »Eigenes« schufen und dabei nur in geringem Austausch mit anderen Gesellschaften standen. Es entstand eine Kultur mit philosophischen und religiösen »Alleinstellungsmerkmalen«, so der Glaube an die Leidhaftigkeit des Seins, an die Wiedergeburt, an das *karman* und die Vergeltung einer jeden Tat. Besonders der Glaube an die Tat und ihre Vergeltung macht die indische Kultur einzigartig: Das Prinzip des *satkāryavāda*, der kosmisch-automatisch und zwingend eintretenden und stets richtigen und gerechten Abfolge von Ursache und Wirkung, führt zu der Vorstellung, dass die Götter nicht in das *karman* des Menschen eingreifen können und somit das Prinzip göttlichen Wirkens, sei dies Gnade oder Ungnade, entfällt; die Frage der Theodizee stellt sich nicht. Hierin zeigen sich, wie auch in anderen Konzepten, die kategorischen Unterschiede des Hinduismus zu den abrahamitischen Religionen, in deren Glauben G'tt/Gott/Allāh bedeutend stärker in das Leben der Menschen eingreift. Auch die Präsenz mächtiger, autonomer und potentiell gewalttätiger *Göttinnen* unterscheidet den Hinduismus vom Judentum, dem Christentum und dem Islam. Zu den Unterschieden zwischen Hinduismus und abrahamitischen Religionen siehe Rajiv Malhotra, Being Different. An Indian Challenge to Western Universalism, Noida 2011.

klar definierten Dreieck vollzog sich die Kultur in einem vier Jahrtausende während renden Prozess der Erweiterung, Anpassung, Umdeutung und Erneuerung, wobei (fast) alle Impulse aus dem indischen Raum selbst kamen, d. h. durch autochthone Stammes- und Dorfkulturen, mit denen die vedische Hochkultur zusammentraf.[7] Selbstverständlich hat auch Indien äußere Einflüsse aufgenommen, doch sie waren und sind gering; Fremdes wurde von den Hindus generell abgelehnt und im Kontakt entweder assimiliert oder, wie der Islam, ignoriert (mit Ausnahmen). Indien war (und ist), wie der Indologe Wilhelm Halbfass feststellte, eine xenophobische Kultur, in der das Prinzip »Wir und die Anderen« galt und gilt.[8] Der Hinduismus missioniert nicht, weder innerhalb seiner vielen Schulen, Glaubenssysteme und Religionen,[9] noch nach außen, denn Hindu ist man allein durch die Geburt in einer *jāti*, »Geburtsgruppe« (s. u.). In dem Maße, in dem das Fremde für den Hindu nicht geeignet ist, gilt das Eigene, also die indische Kultur, als für Nichtinder ungeeignet. Man verlangt nicht, dass andere den Gesetzen der eigenen Kultur folgen; weder können sie dies noch sollen sie es.

1. Die Bedeutung der Nahrung in der indischen Kultur

Das vedische Opfer (ab 1800 v. Chr.) war eine Speisegemeinschaft von Menschen und Göttern mit brahmanischen Priestern als Vermittlern. Zwischen den Himmlischen und den Irdischen gab es einen als Privileg empfundenen und auf die eigene Kultur beschränkt verstandenen Bund, der durch das Opfer bestätigt werden musste; den Göttern, mit denen allein die Priesterschaft durch ihre Kenntnis des Rituals und der heiligen Sprache in Kontakt treten konnte, wurden kostbare Nahrungsmittel wie Fleisch, Butterschmalz und Milch in das heilige Feuer, *agni*, geopfert, dafür beschenkten die Götter die Menschen mit kosmischer und gesell-

---

[7] Der Hinduismus entstand aus der Verbindung der »*great tradition*«, des »Brahmanismus«, der auf dem Veda und den Sanskrittexten gründet, mit den zahlreichen lokalen (Dorf-)Kulturen, den sogenannten »*little traditions*«, in denen vor allem Göttinnen verehrt wurden.

[8] Siehe Wilhelm Halbfass, Indien und Europa: Perspektiven ihrer geistigen Begegnung, Basel 1981. Der Begriff »phobisch« scheint angemessen; die meisten Hindus sind nicht fremden*feindlich*, sondern dem Fremden gegenüber vorsichtig und zurückhaltend.

[9] Einzelne Glaubenssysteme, in deren Mittelpunkt ein Gott, *īśvara*, wie Śiva oder eine Göttin, *devī*, wie Durgā steht, können am ehesten in unserem Sinn als »Religion« oder Volksreligiosität gedeutet werden: Die jeweilige Gottheit wird als Weltenlenker oder als Weltenherrin verstanden, mit der der Gläubige in Teilhabe, *bhakti*, verbunden sein will, die Energie und Freude spendet, jedoch nicht in das *karman* eingreifen kann.

schaftlicher Ordnung, Gesundheit, Fruchtbarkeit, Nachkommen, Regen, Feldfrucht, Vieh etc.; die Teilnehmer bekamen die von den Göttern »übrig gelassenen« Speisereste als sakrale Gaben. Es galt: *do ut des* und umgekehrt, es galt das Gesetz der Reziprozität zwischen Erde und Himmel. Am vedischen Opfer durfte nicht jedermann teilnehmen, es ging bereits hier um Teilhabe und Ausschluss. In den *Upaniṣaden* ab ca. 800 v. Chr. entsteht eine Philosophie der Nahrung: Die Nahrung, Sanskrit *anna*, gilt als Grundlage und Essenz der Welt und des Individuums. »Aus der Nahrung entstehen die Geschöpfe. Alle, die auf Erden leben, leben durch die Nahrung und gehen am Ende in die Nahrung ein. Alles Gewordene gedeiht durch Nahrung«, sagt die *Taittirīyopaniṣad* und nennt die Nahrung »allheilend«, *sarvauṣadham* (2.1.2).[10] Nahrung, Mensch, Natur und Kosmos sind diesem Denken zufolge in einem Kreislauf verbunden.

In indischer Vorstellung bedingen Nahrung und Denken einander. Die *Chāndogyopaniṣad*, ein um 700 v. Chr. entstandener Text, sagt: »Wenn die Speise rein ist, ist der Geist rein. Wenn der Geist rein ist, ist das Erkennen klar.« Die Nahrung des Menschen, heißt es, zerlege sich in drei Teile, das Grobe werde zum Kot, das Mittlere zum Fleisch des Menschen, das Feine der Nahrung aber bilde seinen Geist (6.5.1).[11] Und die einige Jahrhunderte später entstandene *Bhagavadgītā* sagt in 17.7ff.: »Ist die Nahrung rein, ist das Wesen des Menschen rein.«[12]

Indische Lehren sind mehrheitlich auf die Erlösung des Menschen aus der Kette der Wiedergeburten ausgerichtet; zur Erlösung und ihrer *conditio sine qua non*, der Erkenntnis, aber bedarf es einer bestimmten körperlichen und mentalen Konstitution, die u. a. durch Nahrung bzw. ihren Verzicht erreicht werden kann. Die Lehren des Yoga und des Sāṅkhya entwickelten sehr früh, ab ca. 600 v. Chr., komplexe Theorien der Physiologie und Psychologie des Menschen und postulierten einen Zusammenhang zwischen reiner Nahrung, gesundem Leib und klarem Denken; der Yoga als Methode der Disziplinierung des Körpers und der Beherrschung seiner Triebe ist eng mit den Vorstellungen einer förderlichen Nahrung verknüpft. Für die intellektuelle und spirituelle Entwicklung des Menschen ist eine geschmeidige und leichte Physis ebenso unabdingbar wie ein heller Geist. *Sattva*, *rajas*, *tamas* sind dem Sāṅkhya zufolge die drei Konstituenten der

---

[10] *Taittirīyopaniṣad*. Translated by Swami Sharvananda with the original text in Devanagari, Transliteration of each shloka, and word-for-word English rendering followed by a running translation and notes based on Shankaracharya's commentary, New Delhi 2002.
[11] *Chāndogyopaniṣad*. English and Sanskrit, hg. v. Muni Narayana Prasad, New Delhi 2006.
[12] *Bhagavad-Gītā*. New edition of the Sanskrit text, hg. v. J. C. Thomson, Hertford 1855. Siehe auch sa.m.wikisource.org/bhagavadgītā.

Materie, aus denen alles Seiende und auch der menschliche Körper und die Psyche sowie alle Nahrungsmittel bestehen; *sattva* ist hell, leuchtend, fördernd, leicht, gesund, mild, und *sattva*-Nahrung klärt Körper und Geist, *rajas* ist rot, energetisch, belebend, wild, scharf, und *rajas*-Nahrung erweckt den Körper und verwirrt den Geist, *tamas* ist dunkel, klebrig, hemmend, fett, und *tamas*-Nahrung ist ungesund und zerstört den Körper und verdüstert den Geist. *Sattva*-Nahrung ist immer gut, *rajas*-Nahrung ist situativ oder kontextuell hilfreich oder schädlich, *tamas*-Nahrung ist immer falsch. Die materiellen Elemente der Nahrung konstituieren die materiellen Elemente des Körpers: Je mehr *sattva*-Nahrung der Mensch zu sich nimmt, umso stärker ist seine körperliche und geistige Materialität von *sattva* bestimmt. Vereinfacht gesagt muss ein Mensch, der Erkenntnis und Erlösung, man kann auch sagen, »Aufklärung« anstrebt, das Richtige essen. Jemand, der das Falsche isst, verharrt hingegen in geistiger Umnachtung.

Die Sāṅkhya-Lehre postuliert darüber hinaus einen Einfluss der Nahrung auf das sittliche Empfinden und die moralische Urteilskraft; *tamas*-Nahrung verklebt oder verdüstert die feinen Wahrnehmungsorgane, vornehmlich die *buddhi*,[13] die den *dharma*, also Recht, Ordnung und Pflicht, erkennbar und verständlich machen. Hierdurch setzt sich ein *circulus vitiosus* in Gang, da die mentale Verdüsterung zu einem Mangel an Unterscheidungsfähigkeit, *viveka*, und damit zu Unmoral und diese zu erneuter Aufnahme unreiner und verderblicher Nahrung führt. Die in den ersten Jahrhunderten n. Chr. entstandene altindische Medizin verfeinerte diese Theorien von Leib, Geist und Nahrung und entwickelte die ganzheitliche, vor allem prophylaktische Medizin, die heute als Āyurveda bekannt ist.[14]

Die Nahrung konstituiert nach indischer Vorstellung das Selbst: Der Mensch wird zu dem, was er isst. Um zu werden, was er sein soll oder werden will, soll er bestimmte Nahrungsmittel meiden und andere bevorzugen; Faktoren der Nahrungsauswahl sind Kaste, Geschlecht, Alter, Status, Beruf, religiöse Ausrichtung, intellektuelles und spirituelles Ziel, aber auch Konstitution, Lebensregion,

[13] Die *buddhi*, »die Erkennende«, ist das feinste Organ des Wahrnehmungsapparates des Menschen; mittels der gereinigten *buddhi* wird im Prozess der Erleuchtung das Unsterbliche erkannt. Bei den meisten Menschen ist die *buddhi* durch falsches Denken, falsches Sprechen, falsches Handeln und falsche Nahrung verdunkelt und erkenntnisunfähig.

[14] Der Sāṅkhya ist eine atheistische und dualistische Lehre, die kategorisch zwischen Materie und Geist unterscheidet. Der Körper samt des psychophysischen Apparates ist materiell und dient als Träger einer unsterblichen, überindividuellen Monade oder unsterblichen geistigen Entität, *puruṣa* oder *ātman* genannt, die durch Askese, Erkenntnis und Erlösung aus dem Materiellen und dem Kreislauf der Wiedergeburten, *saṁsāra*, befreit werden soll.

Jahreszeit und Lebensstadium (Schüler, Asket, tätiger Mensch etc.). Wichtiger für die Hindu-Identität ist jedoch, was der Hindu *nicht* isst. Nahrungsgebote werden von den Gesetzgebern ab dem 5. Jahrhundert v. Chr. ausführlich geregelt;[15] hierbei sind die bereits im vedischen Opfer maßgeblichen Kategorien von rein und unrein, heilsam und schädlich, eigen und fremd, innen und außen bestimmend. So soll Nahrung, besonders für die oberen Kasten, die an einem Erhalt ihrer angeborenen »rituellen Reinheit« interessiert sind,[16] gewaltfrei erzeugt sein, da Gewalt das Objekt und damit den Verzehrer verunreinigt. Fleisch ist daher verboten, ebenso Honig, weil die Bienen ausgeräuchert und ihrer Nahrung beraubt werden, Eier sind zu meiden, weil sie Lebensträger sind.[17] Die von allein vom Baum gefallene Frucht gilt wegen der Gewaltfreiheit ihres Erlangens als die beste, das Fleisch des gemetzelten Tieres als die verwerflichste Speise.

Diese Nahrungsverbote hängen mit dem Konzept der Gewaltlosigkeit, *a-himsā*, wörtlich: »Nicht-Verletzung« (aller Lebewesen in Gedanken, Worten und Taten), zusammen. Dieses Konzept entstand zur Zeit der *Upaniṣaden* mit dem Beginn der Meditation und des Yoga. Gewalt gegenüber Tieren und Spiritualität widersprachen sich in diesem Denken, da Gewalt negatives *karman* erzeugt, die Erkenntnisfähigkeit blockiert und dadurch die Erlösung verhindert. Die Konzepte Wiedergeburt, *karman* und Tatvergeltung bezogen auch die tierische Existenz ein, ein Mensch konnte als Tier wiedergeboren werden und umgekehrt, hieraus entstand die Vorstellung der Unantastbarkeit der Tiere, vor allem der Kuh (*Bos indicus* ♀), dem wichtigsten Tier der einst nomadisch lebenden Inder in vedischer Zeit. Das Verbot des Essens des Fleisches des weiblichen Tieres ist alt, das Kuh-Tötungs-Tabu entstand um ca. 500 v. Chr. Durch die Verehrung der Kuh, die selbst Vegetarierin ist und als ein friedfertiges und schönes Tier gilt, und den Verzicht auf Kuh- und Kalbfleisch zeichnen sich Hindus in ihrem Selbstverständnis als »besonders« aus. Gewaltlosigkeit, Vegetarismus und Kuhschutz wurden als einander bedingende Konzepte zu Kennzeichen des Hin-

---

[15] So in der zwischen 200 v. Chr. und 200 n. Chr. entstandenen *Manusmṛti*. Manu Smriti. Edited with the commentaries of Medhatithi, Sarvajnanarayana, Kulluka by J. H. Dave, 6 vols, Mumbai 1972–1984.

[16] Die behauptete höhere rituelle Reinheit, die ein wichtiges Kriterium der Kastenhierarchie darstellt und als Ergebnis individuellen *karmans* gilt, soll, so glaubte man, eine höhere Erkenntnisfähigkeit und Möglichkeit zur spirituellen Entwicklung bewirken.

[17] Gesetzgeber wie Manu unterscheiden zwischen Nahrungsmitteln, die *bhakṣya*, »essbar«, und *abhakṣya*, »nicht essbar«, sind und solchen, die *bhojya*, »genießbar«, und *abhojya*, »ungenießbar«, sind. Während Erstere generell zum Verzehr geeignet oder generell verboten sind, handelt es sich bei der zweiten Gruppe um Nahrungsmittel, die zwar geeignet, aber durch bestimmte Umstände verdorben und damit unrein und ungenießbar geworden sind, etwa wenn ein Hund sie beschnüffelt hat.

duismus, aber auch des modernen Konzepts »Hindutva« (s. u.).[18] Der Hinduismus ist derart vielgestaltig, dass es kaum einen gemeinsamen Nenner aller Hindus gibt, jedoch fast alle Hindus anerkennen das Kuhtötungsverbot.

Der Fleischverzicht fiel wohl nicht immer leicht, weshalb der Gesetzgeber Manu rät:

> »Wenn einer den Drang nach Fleisch verspürt, soll er sich ein Tier aus Butter und Mehl machen, denn er soll niemals dem Wunsch nach der Tötung eines Tieres nachgeben. Wer ein Tier tötet, wird in einer Existenz nach der anderen [im Kreislauf der Wiedergeburten, R. S.] so oft erschlagen werden, wie das von ihm getötete Tier Haare besaß.« (*Manusmṛti* 5.37f.)

Die Anweisungen zum Fleischverzehr hatten Erfolg, Indien ist heute weltweit das Land mit dem geringsten Fleischverzehr,[19] es gibt, und dies ist wohl weltweit einmalig, sogar »fleischfreie« Räume und Landschaften: In den für Hindus heiligen Städten Haridvar und Rishikesh am Ganges gibt es weder Fleisch noch Eier, auch die Hotels servieren ausschließlich vegetarische und eifreie Kost. Nicht alle Hindus sind Vegetarier, die gläubigen sind es jedoch meist, vor allem in Rajasthan (75 % Vegetarier), Haryana (70 %) und Tamil Nadu (70 %). In den Küstenregionen essen Hindus oft Fisch, so in Bengalen und im Konkan. Vegan sind Hindus hingegen nicht, denn Milchprodukte gelten seit vedischer Zeit als ebenso wertvoll und »heilig« oder heilsam wie die Kuh selbst.[20]

Die Nahrungsaufnahme war und ist von ethischen Fragen, vor allem von Respekt bestimmt. Wem man nicht vertraut, mit dem soll man nicht speisen, man sollte sich von niemandem einladen lassen, den man nicht achtet, und niemanden einladen, den man verachtet. Es gibt im heutigen Indien den Begriff des *namak harāmī*, des »Salz-Verräters«, einer Person, die sich aus Habgier verköstigen lässt und den Gastgeber schmäht oder geringschätzt. Umgekehrt bedeutet eine Einla-

---

[18] Siehe auch R. S. Khare (Hg.), The eternal food. Gastronomic ideal and experiences of Hindus and Buddhists, Albany 1992.

[19] Während der Jahresverbrauch an Fleisch pro Kopf in Deutschland mehr als 90 kg beträgt, liegt er in Indien trotz fleischverzehrender Muslime, Sikhs und Christen nur bei 5 kg. Indien ist weltweit das Land mit dem geringsten Fleischverbrauch überhaupt, in Indien sollen mehr Vegetarier leben als im Rest der Welt zusammen. Angaben nach Peter Menzel/Faith D'Alusio, So isst der Mensch. Familien in aller Welt zeigen, was sie ernährt, Hamburg 2005. Indien ist ein wichtiger Exporteur von »beef«; allerdings handelt es sich hierbei um das Fleisch des Wasserbüffels und nicht des Rindes. Die großen Schlachthäuser sind in muslimischen und christlichen Händen.

[20] Die in Fragen der Gewaltlosigkeit, ahimsā, besonders strengen Jainas lehnen Milchprodukte zunehmend ab, da diese in Fabriken unter Einsatz von Gewalt erzeugt werden; als Gewalt werden angesehen Stallhaltung, Züchtungen zum Zweck der Steigerung der Milchprodukion, nicht artgerechte Fütterung, künstliche Insemination etc. Siehe www.veganjains.com.

dung eine Wertschätzung des Gastes und die Annahme einer Einladung zeugt von Achtung für den Gastgeber. Schon in vedischer Zeit wurde der Gast, *atithi*, »wie ein Gott« verehrt. Seit ältester Zeit gilt das Spenden von Essen an Arme, an Gäste und Freunde als Tugend, und wer aß, ohne zu spenden, machte sich eines Vergehens schuldig. So sagt die *Manusmṛti* in 3.18: »Wer nur für sich selbst kocht, isst nichts als Schuld.« Derselbe Text fordert auch die Verehrung der Speise:

> »Man soll sein Essen nur nach vollzogenen Waschungen und mit innerer Sammlung verzehren. Wenn einer gegessen hat, soll er sich erneut Mund und Hände waschen. Man soll die Nahrung verehren und sie ohne Widerwillen essen, und wenn man sie erblickt, soll man sich freuen und dankbar sein. Nahrung, die verehrt wird, gibt Kraft und Stärke, ohne Verehrung verzehrte Nahrung raubt beides.« (2.53–55)

Wichtig ist diesem Text zufolge auch, wie man isst, nämlich mit den Fingern und nur mit der rechten, d. h. der »reinen« Hand[21] und nur zu festgesetzten Zeiten. Essen im Gehen, Stehen oder Liegen gilt als respektlos, ebenso Schmatzen, Schlürfen und Schlingen. Die Nahrungsaufnahme hat schweigend, geradezu andächtig zu erfolgen. Wenig Essen und Fasten sind Zeichen von Charakterstärke und Spiritualität; in der *Chāndogyopaniṣad* verweigert ein Asketen-Schüler jegliche Nahrung, weil er in Hunger und Appetit die zwanghafte Bindung der Sinnesorgane an die Sinnesobjekte und damit die Verstrickung des Menschen in die Welt erkennt (4.10.3).[22] Ein altes indisches Sprichwort sagt: Wer dreimal am Tag isst, ist ein *rogin*, ein Kranker, wer zweimal isst, ist ein *bhogin*, ein Genießer, wer aber nur einmal isst, ist ein *yogin*, ein Asket.

Was aber soll ein Hindu essen? Der Mensch sollte zum Erhalt der Gesundheit, zur Förderung der moralischen Stärke, zur Entwicklung der Intelligenz und spiritueller Kraft hauptsächlich *sattva*-Nahrung zu sich nehmen, dies sind Getreide, Reis, Gemüse, Früchte, Hülsenfrüchte wie Linsen und Bohnen, Wasser, Milch und Butter; Milchprodukte sind in geringem Maße zu essen. Er soll wenig *rajas*-Nahrung zu sich nehmen, also Verarbeitetes, Unfrisches, Saures, Süßes, Scharfes, verarbeitete Milchprodukte und Genussmittel wie Zucker, Kaffee und Tee.

---

[21] Die linke Hand ist »unreinen« Tätigkeiten wie dem Reinigen des Körpers nach dem Toilettengang vorbehalten.

[22] Der hier ausgesprochene Gedanke erinnert an Arthur Schopenhauers Konzept des Willens, der den Menschen beherrscht, den Trieben unterwirft und verblendet. Schopenhauer selbst sah zwischen seinem und dem altindischen Denken maßgebliche Parallelen.

Er soll keine *tamas*-Nahrung essen, also Fleisch, Fisch, Pilze, Käse, Alkohol, Unbekanntes, Fremdes, Unreines oder mit Gewalt Erzeugtes. Selbst Zwiebeln und Knoblauch sind verboten, Gemüse, die in der indischen Medizin als »heiß« und »stinkend« gelten; bereits von den alten Gesetzgebern wurden sie als Aphrodisiaka verboten (*Manusmṛti* 5.5.). Das moderne westliche Konzept der Neugier auf fremde Küchen und Speisen ist im traditionellen Indien unbekannt: Man isst kultur-, raum- und kastenspezifisch, das Fremde galt und gilt als gefährlich. In traditionellen indischen Gemeinschaften, in Tempeln, aber auch in religiösen Speisungen wird alles »Fremde« gemieden, das nicht in Indien heimisch ist, manche südindische Brahmanen essen keine Kartoffeln oder Tomaten, da diese durch die portugiesischen Kolonialherren aus Südamerika eingeführt wurden. »Moderne« Hindus essen bisweilen außerhalb des Hauses und vor allem im Ausland, Geflügel, Fisch oder Meeresfrüchte, halten aber die eigene Küche »rein« von diesen Dingen;[23] die »reine Küche« wiederum darf von Fremden nicht betreten werden. Zwischen »innen« und »außen« wird deutlich unterschieden; man hält den eigenen Raum, Wohnung, Küche, Tempel, rein und hygienisch sauber, der öffentliche Raum wird häufig der Verwahrlosung überlassen. Die Aussage eines Europäers, Indien sei ein schmutziges Land mit sehr reinen Menschen, trifft den Kern.[24]

Nahrung hat im System der Kasten eine große Bedeutung. Das Kastensystem ist u. a. bestimmt durch Heirat und Kommensalität, d. h. man heiratet innerhalb der Kaste, *jāti*, und isst mit Kastenangehörigen. Im Kastensystem spiel(t)en somit zwei Faktoren eine besondere Rolle, nämlich Nahrung und Ehepartner; fragt man nach den Bestimmungsfaktoren der Kasten-Identität, heißt es auf Hindī: *roṭī aur laṛkī*, »Brot und Tochter«. Da das Kastensystem von den Kategorien rein und unrein[25] bestimmt ist (d. h. je höher die Kaste, umso höher ist der Status der angeborenen rituellen und spirituellen Reinheit ihrer Mitglieder), kann man den traditionellen Vorschriften zufolge nur von Angehörigen der eigenen Kaste und von denjenigen höherstehender Kasten Nahrung annehmen; Nahrung ist ein po-

---

[23] Siehe Renate Syed, Das heilige Essen – das Heilige essen. Religiöse Aspekte des Speiseverhaltens im Hinduismus, in: Perry Schmidt-Leukel (Hg.), Die Religionen und das Essen, Kreuzlingen 2000, 97–144.
[24] Leider kann sich die Autorin nicht mehr erinnern, wo sie diesen Satz hörte oder las.
[25] Das Reine, *śuddha* oder *pavitra*, ist förderlich und glückbringend, das Unreine, *aśuddha* oder *apavitra*, ist gefährlich und zu meiden. Rein durch Geburt sind diesem Glauben zufolge der Brahmane, die Kuh, die heiligen Schriften des Veda, ein Tempel, der heilige Fluss Gaṅgā und Nahrungsmittel wie Milch, Butter und Wasser; unrein ist das Schwein, der Hund, das Fleisch, der Tod und jede Körperflüssigkeit. Reines kann vorübergehend unrein werden, wenn es mit Unreinem in Berührung kommt, Unreines kann niemals rein werden.

tentieller Träger von Kontamination und kann den, der sie aufnimmt, verunreinigen und sollte daher nur als reines Objekt und aus »reinen« Händen empfangen werden. Die soziale Mobilität des durchaus flexiblen Kastensystems war (und ist bisweilen immer noch) bestimmt durch die sogenannte *Sanskritisation*, die Annahme brahmanischer Sitten, vor allem des Vegetarismus, der als anzustrebendes Ideal gilt;[26] die »richtige«, also vegetarische Nahrung konnte Ansehen und Status einer Kaste steigern. Durch die Annahme des Vegetarismus erweiterte sich der soziale Spielraum, weil man durch die erworbene »Reinheit« mit mehr Personen höheren Ranges essen und Nahrung teilen konnte. Die Kaste ist vieles, aber auch eine Speisegemeinschaft, die das Miteinander definiert und bestätigt und den Ausschluss festlegt. Wegen der angeborenen »Reinheit«, die beständig gefährdet ist, gibt es umso mehr Verbote, je höher die Kaste ist; alles essen zu dürfen, ist ein Zeichen von Unreinheit und »tiefer« Kaste. Die Nahrung der »reinen« Brahmanen darf jeder annehmen, da sie ebenfalls »rein« ist, und Restaurants, in denen Brahmanen kochen und die Küche nach traditionellen Reinheitsgeboten führen, werden in Indien bis auf den heutigen Tag gekennzeichnet, etwa als *vaiṣṇavabhojanālaya*. Festzustellen ist somit im traditionellen Indien hinsichtlich der Nahrungsaufnahme eine Distanz durch die horizontal verlaufenden Trennlinien der Kastenhierarchie.[27]

Der heutige Tempeldienst, auch hierin zeigt sich die Langlebigkeit indischer Traditionen, gleicht dem vedischen Opfer, auch er ist ein Gabentausch zwischen Göttern und Gläubigen und Priestern, die zwischen heiligem und profanem Raum vermitteln. Auch im heutigen Tempel »verzehren« die Götter die Gabe, auch hier werden deren Reste als sakrale Speise verteilt. Die Gläubigen bringen Nahrungsmittel wie Früchte, Reis und Süßigkeiten, die vor die Gottheit gelegt und von dieser virtuell »verzehrt« werden. Durch die Präsenz der Gottheit und das »Verspeisen« wird die Gabe zu *prasāda*, Sanskrit für »Geschenk, Gnade«, die an andere Gläubige verteilt und von diesen mit Andacht verzehrt wird; wie im vedischen Opfer geht es bei dieser Zirkulation von Gaben zwischen Menschen und Göttern um einen Austausch von Energie oder Kraft und um die Be-

---

[26] Der Begriff »*sanskritization*« stammt von M. N. Srinivas, Social Change in Modern India, New Delhi 2000.

[27] Es gibt auch innerhalb der Gemeinschaften und Kasten verlaufende Grenzen, etwa wenn ein Mitglied der Kaste durch ein Vergehen oder ein Versehen »unrein« geworden ist. Auch sind in traditionellen Familien Menstruierende ausgeschlossen; sie dürfen weder kochen noch mit der Familie zusammen essen. Geburt und Tod sind ebenfalls mit Unreinheit verbundene Ereignisse und führen zu besonderen Speisegeboten.

stätigung der Beziehung zwischen Gottheit und Mensch. Die Gottheit ist hindu-istischem Glauben zufolge im Tempel nur anwesend, weil sie verehrt, gekleidet und gespeist wird; für sie wird ein sakraler Raum geschaffen, dessen Reinheit beständig erzeugt und bewahrt werden muss, unreine Personen oder Nichthindus dürfen manche Tempel, etwa den Jagannātha in Puri, bis heute nicht betreten.

Der Tempel ist ein Ort der Speisung der Gottheit und der Gläubigen; für diese ist die Begegnung mit der Gottheit im heiligen Raum bereichernd und stärkend. Die Gläubigen werden in beinahe allen Tempeln mit einfachen Speisen kostenlos versorgt, dies sind Reis, Brot, Linsen, saure Milch und Wasser, also *sattva*-Nah-rung; Gläubige ermöglichen die Speisung durch Spenden, Gläubige übernehmen das Verteilen und Bedienen als einen Akt der Demut. Es geht hierbei nicht um »Ernährung«, sondern um rituelle Aufnahme des »Heiligen«; Nahrung ist ein Transfer-Objekt göttlicher Energie. Auch werden bei dieser Speisung Kasten-schranken nicht berücksichtigt; in der Sakralität des Tempels sind weltliche Trennungen nicht von Belang.«

2. Die Bedeutung der Nahrung im zeitgenössischen politischen Diskurs

Nach Jahrzehnten, in denen die säkulare Kongress-Partei unter Jawaharlal Nehru, Indira Gandhi, Rajiv Gandhi und Manmohan Singh regierte, kam 1998 die 1980 gegründete konservative Hindu-Partei BJP, Bhāratīya Janatā Pārṭī oder »Indische Volks-Partei«, an die Macht. Unter Atal Bihari Vajpayee regierte die BJP von 1998 bis 2004, danach, bis 2014, erneut der Kongress. Im Mai 2014 ge-wann Narendra Modi, ein Vertreter der BJP, die Wahlen mit großem Erfolg. Ein zentrales Element der Ideologie der BJP ist »Hindu-tva«, »Hindu-tum«. Dieses Konzept wurde 1923 von Vinayak Damodar Savarkar[28] geprägt, als im Unabhän-gigkeitskampf gegen die britische Kolonialmacht eine Definition, wer und was ein Hindu sei, als nötig empfunden wurde. Es ging um eine Bestimmung des Eigenen im Gegensatz zu jenen identitäts- und selbstbewussten Kulturen, die

---

[28] Vinayak Damodar Savarkar, 1883–1966, war ein indischer Rechtsanwalt, Schriftsteller und politischer Kämpfer für die Unabhängigkeit Indiens von der britischen Kolonialherrschaft. In seiner 1923 erschiene-nen Schrift »Hindutva: Who is Hindu?«, die er im britischen Gefängnis in Indien verfasste, definierte er die Begriffe »Hindu« und »Hindutum« und legte den Grundstein für die hindunationalistische Ideologie. Vinayak Damodar Savarkar, Hindutva. Who is a Hindu?, Bombay 1928, Nachdruck von 1923.

außerhalb Indiens entstanden und innerhalb Indiens durch Kolonisierung und Mission erfolgreich waren, vor allem um den Islam, das Christentum und die Briten. Nach Savarkar waren allein diejenigen Hindus, deren Lebensart und Kultur, *saṅskṛti*,[29] auf indischem Boden entstanden war, also Hindus, Buddhisten, Jainas[30] und Sikhs sowie Stämme und Ethnien. Bedeutsam ist, dass »Hindutva« als Lebenspraxis und Kultur, nicht aber als Religion oder Glaube definiert wurde. Zweitens war derjenige Hindu, der Indien als religiöses Mutterland anerkannte,[31] und, drittens, in einer Hindu-Geburtsgruppe, *jāti*, geboren war.[32] Seine Kritiker bezeichnen das Hindutva-Konzept als völkisch, identitär, nationalkonservativ, fundamentalistisch und als unvereinbar mit der in der Verfassung verankerten Säkularität. Der Supreme Court of India entschied jedoch 1998, »Hinduism/Hindutva is a way of life and state of mind, not a religion« und sei damit kein Widerspruch zum Säkularismus, der allein die Trennung von Staat und Religion fordere. Dieses Urteil wurde im Oktober 2016 erneut vom Supreme Court bestätigt: »Hindutva/Hinduism is a way of life of the people in the subcontinent, not a religion.«[33] Am 2.1.2017 hat der Supreme Court es erneut abgelehnt, Hindutva als Religion zu bezeichnen; die Definition von 1995, so hieß es, gelte immer noch und damit sei »Hindutva« im Wahlkampf als Programm erlaubt;[34] eben dieses hatten Gegner des Hindutva zu verhindern versucht.

In heutiger Zeit, da es in Indien angesichts der Globalisierung, die von nicht wenigen Hindus als vereinnahmend und bedrohlich empfunden wird, zu einer bewussten Wiederaufnahme von religiös-kulturellen Essenzialismen und zu »Updates«[35] von Traditionen kommt, werden alte, sich auf die Fundamente der

---

[29] Der Begriff *saṅskṛti*, »Kultur«, hängt zusammen mit dem Sanskrit, der heiligen Sprache, in der alle klassischen Texte des früheren Brahmanismus und des späteren Hinduismus verfasst sind.

[30] Der Buddhismus und der Jainismus sind keine »Religionen« im Sinne abrahamitischer Religionen, die *einen* (männlich vorgestellten) Gott verehren, der Schöpfer und Lenker des Universums ist. Erstere sind Erkenntnis- und Erlösungslehren.

[31] Muslime, deren Religion in Arabien entstand, Christen, deren Religionsursprung im Orient lag, Parsen, die aus Persien stammten, und Juden, die ebenfalls eingewandert waren, waren dieser Definition zufolge Inder, nicht aber Hindus. Hindutva will und kann wegen seiner inhärenten Exklusivität keine »Leitkultur« für alle Inder sein.

[32] Die *jāti*, die Geburtsgruppe, war entscheidend, ihr Sitz hingegen nicht. Daher war auch Hindu, wer außerhalb Indiens in einer *jāti* geboren war, etwa in Afrika, wo zu Beginn des 20. Jahrhunderts viele Inder lebten.

[33] The Hindustan Times, 18.10.2016, Online-Ausgabe. Bemerkenswert ist die Gleichsetzung von »Hinduismus« und »Hindutum«, die also beide keine Religion, sondern »Lifestyle« sind.

[34] The Indian Express, 2.1.2017, Online-Ausgabe.

[35] Hierunter ist eine bewusste Anpassung alter Formen an veränderte Zeiten ohne Preisgabe des Essenziellen zu verstehen. Um es metaphorisch zu sagen, bestehen die erprobten hinduistischen Methoden der Anpassung an veränderte Bedingungen und Einflüsse von außen darin, »alten Wein in neue Schläuche«

indischen Kultur stützende Konzepte, darunter Vegetarismus und Kuhschutz, erneut Elemente hinduistischer Identität und zu Forderungen innerhalb politischer Programme. Zu diesem »Hindutva-Lifestyle« gehört nach der Definition des Supreme Courts auch das Kuhtötungsverbot, das der Verfassung zufolge als mit dem Säkularismus vereinbar gilt. Die uralte Idee des Kuhschutzes, die auch Mahatma Gandhi unterstützte, ist ein Programmpunkt des Hindutva[36] und der BJP und zum Politikum geworden, zumindest innerhalb konservativer Parteien und Kulturorganisationen. Das in Artikel 48 der indischen Verfassung festgeschriebene »*Anti-cow-slaughter-law*«[37] setzen 24 der 29 indischen Bundesstaaten um; in diesen Staaten herrschen Verbote des Schlachtens und des Verkaufs von Kuh- und Kalbfleisch. Am 26. 10. 2005 bestätigte der Supreme Court diesen Artikel 48 aus dem Jahr 1949 ebenso wie das 1999 von der Lok Sabhā, dem Unterhaus, verabschiedete Gesetz »*The Ban on Cow Slaughter Bill*«. Eingebracht wurde dieses Gesetz von Yogi Adityanath, dem Priester eines Hindu-Tempels und Mitglied der BJP.

Ein vor vielen Jahren verabschiedetes Gesetz, »*The Maharashtra Animal Preservation Bill*«, das die Schlachtung von Rindern, den Verkauf und den Verzehr des Fleisches unter Strafe stellt, trat Anfang 2015, also ein halbes Jahr nach dem Antritt der BJP-Regierung unter Narendra Modi, in Kraft.[38] Der sogenannte »*beef ban*« wurde von vielen Gegnern als nicht mit der durch die Verfassung garantierten Säkularität vereinbar betrachtet und lebhaft kritisiert; viele Inder

und »neuen Wein in alte Schläuche« zu gießen. Ein Beispiel ist Verzicht von Fleisch als Gabe an die Götter, wie sie zu vedischer Zeit üblich war. Die heutigen Gaben sind frugal, der tiefrote *sindūr*-Puder ersetzt das Blut.

[36] Europäer, die die Unantastbarkeit der Kuh und das sie betreffende Schlachtungsurteil belächeln, seien an die Unantastbarkeit vieler Haustiere im Westen erinnert; der Tierschutz nimmt es hier sehr genau mit dem »Schutz«, allerdings nur bestimmter Tiere. Man bedenke, was geschähe, wenn es Restaurants in Deutschland gestattet würde, Hunde und Katzen für den Verzehr zu schlachten und zu verarbeiten. Während in Indien Kühe heilig und Hunde verachtet sind, ist es bei uns umgekehrt; allerdings essen Hindus weder die einen noch die anderen. Siehe hierzu Renate Syed, Von heiligen Kühen und verhätschelten Hunden. Oder: Wie aufgeklärt sind jene, die Indien für unaufgeklärt halten?; www.renate-syed.de, unter »Artikel«, dort Artikel 4.

[37] Artikel 48 lautet: »Der Staat soll sich darum bemühen, Ackerbau und Viehzucht nach modernen und wissenschaftlichen Gesichtspunkten zu entwickeln; er soll insbesondere Maßnahmen ergreifen, um *die Aufzucht von Kühen* und *Kälbern* und anderen Milch- und Zugtieren zu heben und zu verbessern und *deren Abschlachten zu unterbinden*.« (meine Hervorhebungen)

[38] Schon als Jugendlicher im Rāṣṭrīya Svayamsevak Saṅgh, einer hindukonservativen Kulturorganisation, war Narendra Modi ein sogenannter *Gaurakṣa*, »Kuhschützer«; als *Chief-Minister* von Gujarat hatte er die Gesetze zum Kuhschutz verstärkt. Modi ist konservativer Hindu und zeigt dies durch die klassischen Elemente der Hindu-Identität, nämlich Vegetarismus, Keuschheit und Abstinenz von Alkohol. Sein Erfolg beruht auch auf seiner Darstellung klassischer indischer Tugenden wie Respekt gegenüber Älteren und Meistern, Spiritualität und »*Indianness*« hinsichtlich Nahrung und Kleidung.

und Inderinnen, darunter Hindus, empörten sich darüber, dass der Staat ihnen ihre Nahrung vorschreiben wolle. Ein Muslim meinte, er sei nicht der Meinung, jeder solle Rindfleisch essen, jeder solle selbst entscheiden, was er esse.[39] Der Kuhschutz, sagte mir ein Hindu, habe nichts mit Religion zu tun, sondern mit der Ethik der Gewaltlosigkeit; er sei Atheist und die Kuh für ihn keine »Göttin«, sondern ein seit der vedischen Zeit verehrtes Symbol indischer Kultur und indischer Friedfertigkeit.

Konservative Gruppen wie die Hindu Janajagruti (auch: Jagruti) Samiti, die »Hindu-Erweckungs-Vereinigung«, betrachten den Einfluss des Islam und des Christentums als schädlich für die Hindu-Identität, wollen jede Art der Mission verbieten und ehemals zum Islam oder Christentum konvertierte Hindus, meist handelt es sich um Kasten von »Unberührbaren«, rekonvertieren; diese Bewegung heißt *Ghar vāpasī*, »Heimkehr«. Diese sogenannte »*reconversion to Hinduism*« ist gleichbedeutend mit *śuddhikaraṇa*, einer »Reinigung«, und die in den Hinduismus Zurückgekehrten müssen zukünftig Fleisch, in jedem Fall aber Rind und Alkohol meiden.[40] Kuhschutz, Antialkoholismus und Vegetarismus sind wichtige Programmpunkte, auf der Website der Hindu Janajagruti Samiti[41] finden sich Bilder einer von einer Axt (und somit vom Islam und vom Christentum) bedrohten Kuh sowie Bilder der schädlichen Elemente, die das Christentum angeblich nach Indien brachte: die Bibel, die Prostitution, den Alkohol und die Gewalt.

Auf der genannten Website der Hindu Janajagruti Samiti findet sich unter den zahlreichen Hinweisen über den richtigen Lebensstil auch die Rubrik »*Hindu Diet*«.[42] Hier heißt es in Übereinstimmung mit den traditionellen Vorstellungen, in denen es, wie oben geschildert, um *sattva*-Nahrung geht:

> »Physical body is the only medium for performing spiritual practice. The obvious reason is that for God-realisation, which is the ultimate goal of

---

[39] Es ist fraglich, ob er diese Toleranz auch auf seine muslimischen Glaubensbrüder ausdehnen würde, wenn diese das streng verbotene Schweinefleisch äßen. Siehe The Hindu, 31.10.2015, Online-Ausgabe: »Beef protest brings together people of various hues.«

[40] Es sei daran erinnert, dass die Zugehörigkeit zum Hinduismus als durch das *karman* erworben und daher als metaphysisch verankert gilt; so wie niemand in den Hinduismus eintreten kann, kann auch kein Hindu aus dem als Kultur- und Kastengemeinschaft verstandenen Hinduismus austreten. Die Konversion zu einer anderen Religion gilt aus Sicht konservativer Hindus als geistige Verirrung, die allein durch aggressive Mission der Muslime und Christen zustande gekommen sein kann.

[41] www.hindujagruti.org/hindu-issues/religious-conversion. Die Partei wurde 2002 gegründet mit den Zielen: »Educating of Dharma, Awakening of Dharma … Protection of the Nation and Uniting Hindus.«

[42] www.hindujagruti.org/hinduism/hindu-lifestyle/hindu-diet.

human life, having a physical body is extremely important. ... Besides being nutritious, if the diet is sattvik too, then it helps in enhancing the Sattva component.«

Weiter heißt es, die Nahrung solle indisch sein, *bharatiya food*, und möglichst hausgemacht. Unter den ungeeigneten Nahrungsmitteln steht an erster Stelle »*Tamasik (tamas-predominant) food*«, und gemeint sind hiermit Fleisch, Zwiebeln, Knoblauch (unter Hinweis auf die *Manusmrti*), aber auch Speisen, die fermentiert oder durch Speichel verunreinigt sind, die aus den Händen einer Prostituierten, einer Ehebrecherin oder eines Kriminellen kommen und einiges mehr. Abgelehnt wird auch westliches »Fastfood«. Begründet werden diese Vorschriften mit dem Hinweis auf die älteste indische Tradition: »Hindu Dharma prohibits improper codes of conduct. In Hindu Dharma, ancient Sages have given thought to the subtle vibrations.«[43] Auch bei diesen Anweisungen geht es darum, was ein Hindu nicht essen sollte.

Die genannten hindukonservativen oder -fundamentalistischen Parteien wollen Moderne, Verwestlichung und globalisierte Kultur, die vor allem in den urbanen Räumen Einzug halten und durch das Internet Verbreitung finden, verhindern oder zurückdrängen. Etwa 70 % der Inder aber leben auf dem Land und somit in mehr oder weniger stark konservativen Strukturen, und der überwiegende Teil dieser Landbewohner hat die Traditionen weder aufgegeben noch die Diskussionen über Globalisierung, Tradition und Moderne zur Kenntnis genommen.[44] Die »Re-Hinduisierung« des Lebensstils wendet sich somit an die urbane Mittel- und Oberschicht, für die der westliche »Lifestyle« verführerisch sein kann. Ein Teil dieser urbanen »Modernen« wendet sich wiederum bewusst von westlichen Modellen ab, sei es unter dem Einfluss des Hindutva oder ohne diesen.[45]

---

[43] Hier findet sich auch der Beitrag: »Hindu girl forced to eat beef by Principal Wharton commits suicide«: »When she opposed, she was told by the Principal that beef eating was mandatory in the school boarding ... She was mentally tortured and her belongings were thrown out of the hostel. She came home and committed suicide.«

[44] Es ist schwer, als Außenstehender Urteile über die Bedeutung von Tradition und Moderne in Indien zu treffen. Der fremde Reisende, der sich vorrangig im urbanen Raum, in Touristenzentren und teuren Hotels aufhält und mit Englisch sprechenden Indern in Kontakt kommt, gewinnt häufig den Eindruck von Modernität, Verwestlichung und Offenheit und setzt dies *pars pro toto*; dieser Eindruck ist trügerisch. Auch korreliert in Indien gelebte Tradition nicht mit einem Mangel an Bildung; sehr viele hochgebildete Hindus sind äußerst traditionell.

[45] Nicht nur in unserer Zeit kommt es zu Rückgriffen auf hinduistische Tradition: Im 19. und 20. Jahrhundert wurden viele westlich erzogenen Inder, darunter Gandhi, Nehru und Patel, durch den Kontakt mit dem Westen, meist England, in ihrem Hindu-Sein bestärkt und schöpften aus der freiwilligen Rückkehr in die Tradition Kraft zur Vollendung der Identität und des politischen Handelns.

Moderne Erscheinungen wie Fastfood-Restaurants bedeuten in Indien keinesfalls den Untergang der Tradition, im Gegenteil, durch die erzwungene Anpassung, das sogenannte »*localising*«, werden Traditionen sogar gestärkt. McDonald's
darf in Indien wegen der Hindus keine Burger aus Rindfleisch anbieten und wegen
der Muslime kein Schweinefleisch: »What convinced us was that McDonald's was
willing to localise. They promised that there would be no beef or pork on the
menu«, sagt der Vegetarier Amit Jatia, der die Burger-Kette besucht, die seit Anfang der 1990er Jahre in Indien präsent ist und ein großes vegetarisches Angebot,
darunter einen vegetarischen Maharaja-Burger, anbietet.[46]

Die Radikalisierung hinduistischer Konzepte hat in Einzelfällen[47] tödliche
Folgen: Am 28.9.2015 wurde ein Muslim gelyncht, weil er angeblich Rindfleisch
gegessen hatte. Der Priester eines Hindu-Tempels hatte behauptet, die Muslime
hätten am Fest »Eid-ul-Azha« eine Kuh geschlachtet, die Familie sagte, es sei
»*mutton*« gewesen; eine genetische Überprüfung ergab, dass es Kuhfleisch war.[48]
Andererseits zeigt sich der der Säkularität verpflichtete Staat auch liberal: Die
Times of India meldet am 12.9.2016, dass in Ayodhyā, einer der für Hindus hei-
ligsten Städte, am muslimischen Fest Eid-ul-Azha am 13.9. das Schlachten von
Ziegen durch Muslime erlaubt werde:

> »Slaughter of animals for meat is banned in Ayodhya ... Meat ... is never
> sold here nor served even in weddings and parties. However, once a year
> the local civic body lifts the ban for Muslims' festival Bakrid.« »Amid all
> the controversies over meat and beef, the temple town presents the best
> example of religious tolerance and respect to religious sentiments of the
> other community [Muslime, R. S.], says a civic officer.«

Die Ge- und Verbote hinsichtlich Nahrung sind im Hinduismus derart kompliziert
und komplex, dass der orthopraktische Hindu mit Angehörigen anderer Religionen nicht essen kann. Kann ein Hindu, der die Speisegebote befolgt, hingegen
Gastgeber für die Gläubigen anderer Religionen sein? Ein gläubiger Jude, der die
kaschrut-Gesetze beachtet, kann mit einer Ausnahme bei einem vegetarischen
Hindu essen: Die Hindu-Küche ist zwar »koscher«, weil ausschließlich »milchig«
und niemals »fleischig« (Fleisch und Milch dürfen nach den *kaschrut*-Gesetzen
nicht vermischt werden) und daher nicht »*treife*«, sie ist aber nicht »koscher

---

[46] www.bbc.com/news/business-30115555: How MacDonald's conquered India.
[47] Bei der Darstellung von Verbrechen und Gewalt in Indien darf man niemals die große Bevölkerungszahl
von mehr als 1,2 Milliarden Menschen aus den Augen verlieren, dies gebieten Vernunft und Anstand.
[48] Siehe hierzu den Wikipedia-Artikel: 2015 Dadri mob lynching.

l'Pessach«, sodass der gläubige Jude während des Pessach-Festes, wenn ihm Gesäuertes verboten ist, wegen der gesäuerten Brotfladen nicht bei einem Hindu essen kann. Muslime, Christen und Vegetarier können die hinduistische Gastfreundschaft genießen, der Veganer hätte Schwierigkeiten wegen der angebotenen Milch und Sauermilch. Der orthopraktische Hindu aber kann weder bei einem Juden noch bei einem Christen oder Muslim essen, da alle drei Rindfleisch verzehren, und selbst wenn diese Gastgeber auf Fleisch verzichteten, kann der Hindu die Einladung nicht annehmen, da Teller und Gerätschaften von früherem Kontakt mit (Rind-)Fleisch verunreinigt sind.[49] Doch die Hindus in ihrer teils naturgegebenen, teils kulturell erzeugten »*splendid isolation*« wird dies kaum betrüben.

Indien ist anders, Indien isst anders. Und das wird wohl so bleiben, trotz westlicher Einflüsse. Die Verwendung von Elementen der globalen Kultur wie Mobiltelefone, Computer, Jeans oder der Verzehr von an die indischen Esstraditionen angepassten Burgern in urbanen Räumen durch eine mit westlichen Accessoires spielende Mittelschicht sollte nicht darüber hinwegtäuschen, dass die überwiegende Zahl der Inder und Inderinnen hinsichtlich Vorstellungen, Philosophie, Glauben und Lebenspraxis den Traditionen verpflichtet ist oder erneut sein will und daher das praktiziert, was wir im Westen als »kulturellen Essentialismus« bezeichnen. Der Hinduismus besitzt eine sehr hohe Resilienz, d. h. die Fähigkeit, sich gegen Ein- und Übergriffe von außen zu wehren, sich dabei treu zu bleiben und Stabilität zu bewahren; in Zeiten von Einfällen fremder Kulturen wie der islamischen, der portugiesischen und der britischen antwortete der Hinduismus stets mit Rückzug, einer Rückbesinnung auf die eigene Tradition und einem Beharren auf dem Überlieferten. Deswegen ist Indien eine der wenigen »alten« Kulturen, die bis heute lebendig geblieben ist. Und, wie mir jener Inder, dessen Aussage im Titel dieses Beitrages steht, ohne Bedauern und ohne Stolz sagte: »India will not change in the next 5000 years.«

(PD Dr. Renate Syed ist Indologin und Privatdozentin am Institut für Indologie und Tibetologie der Ludwig-Maximilians-Universität München. Sie lehrt indische Philosophie und Kulturwissenschaft.)

[49] Siehe hierzu auch Renate Syed, Nahrungstheorien und Speisegebote im Hinduismus, in: Koscher&Co. Über Essen und Religion, hg. v. Michal Friedländer/Cilly Kugelmann; Katalog zur gleichnamigen Ausstellung im Jüdischen Museum zu Berlin, Berlin 2009, 248–267. Zu den indischen Speisegeboten und Verhaltensregeln bei der Nahrungsaufnahme siehe Pandurang Vaman Kane, History of Dharmaśāstra, Poona 1941. Zur Nahrung siehe Vol. II, Part II., 542–49, 757–800.

ABSTRACT

The article wants to show how prescriptions and prohibitions concerning food and its consumption constructed Hindu identity in ancient India as well as in contemporary India. What to eat and even more, what *not* to eat was and is a marker for caste affiliation and defines identity in terms of »us and them« inside Indian society and in relation to other cultures. In Indian philosophy, e. g., in Yoga, vegetarian and non-violently produced food was considered an important element of gaining a healthy body, a brilliant mind and the ability to gain intellectual strength and spiritual power. Contemporary Hindu-fundamental parties and movements use ancient traditions, among them food regulations and cow protection, to define today's Hindu identity in terms of Hindutva, »Hindu-ness«, which is defined by the Supreme Court of India as »lifestyle« and not as religion.

Essen und Gerechtigkeit im Buddhismus

Dagmar Doko Waskönig

Anders als im Christentum spielt der Begriff Gerechtigkeit, der mir in der Themenstellung angetragen wurde, im Buddhismus keine spezifische Rolle. Dennoch seien hier einige Aspekte der buddhistischen Praxis angeführt, die unter diesem Gesichtspunkt gesehen werden können.

Aufteilung der Aufgaben

Als Erstes wäre ein Prinzip zu nennen, das bis zu den Anfängen des Ordenslebens zu Lebzeiten des Buddha zurückzuverfolgen ist. Den Mönchen und etwas später den Nonnen wurde nämlich nicht etwa die Selbstversorgung auf der Basis der Früchte des Waldes oder gar der eigenen Aufzucht von Nahrungsmitteln anempfohlen. Vielmehr war und ist weithin eine bestimmte Form der Anbindung an die Laien-AnhängerInnen der Standard. Die Laien versorgen die Ordensleute mit den vier lebensnotwendigen Dingen: Nahrung, Kleidung, Obdach und Arznei.

Doch die Ordensleute empfangen nicht nur etwas, sondern sie geben ihrerseits etwas zurück, nämlich die Lehre in Form der mündlichen Ansprache oder Predigt. Oft geschah dies zu Lebzeiten des Buddha nach dem Speisen, wenn zum Beispiel eine Familie einige Mönche eingeladen hatte. Gegenseitiges Geben und Empfangen wird so ins Bewusstsein gehoben – eine Grundsituation der menschlichen Existenz. Nahrung ist notwendig für den Körper wie für den Geist. Diese Art der Aufgabenverteilung auf beide in Verbundenheit lebenden Gruppen mag gerecht genannt werden.

Heute wird das Prinzip oft ein wenig abgewandelt. Der traditionelle Bettelgang in die Orte, bei dem die Speisen direkt in die große Schale des Mönchs oder der Nonne gefüllt werden, wird nicht mehr überall durchgeführt. Doch leben die asiatischen Kloster-Gemeinschaften, selbst wenn in der Küche des Klosters gekocht wird, nach wie vor auf der Basis des Gespendeten, sei es auch in Form von Geld, mit dem eingekauft wird. Auf verschiedene Formen, die das Prinzip ein wenig abwandeln, etwa die teilweise auch von Verwandten eines Mönchs übernommene Versorgung oder die staatliche Unterstützung im alten Tibet, kann hier nicht eingegangen werden, zumal eine Vollständigkeit des Überblicks im wissenschaftlichen Sinne nicht angestrebt wird.

Die Lebensweise der westlichen Ordinierten, sofern sie hier leben, ist insofern schwieriger, als sie zumeist nicht in einem Kloster leben, sondern in buddhistischen Zentren oder an diese angebunden in einer Privatwohnung. Und die UnterstützerInnen richten gegenwärtig ihre Spendentätigkeit in erster Linie auf den ja ebenfalls notwendigen Aufbau und die Erhaltung der Zentren, während die Bewusstheit für die Unterstützung der Ordensleute im oben genannten traditionellen Sinne noch ungenügend ausgebildet ist. Erwähnt sei zudem, dass einige Einrichtungen auch hier im Westen den Bettelgang in größeren Zeitabständen praktizieren, nicht zuletzt, um den Laien die Gelegenheit zu geben, sich im heilsamen Spenden an die Ordensleute in der direkten Begegnung zu üben. Ich selbst habe zum Beispiel, als ich in einem italienischen Zen-Kloster war, am Bettelgang im Ort teilgenommen – eine besondere Erfahrung. Auch nehme ich an den Bettelgängen teil, die in der vietnamesischen Pagode Vien Giac in Hannover zweimal jährlich bei großen Festen an den Mauern des Klosterbezirks entlang praktiziert werden.

Mitgefühl und Gerechtigkeit

Aus Mitgefühl mit den Tieren wird in den Klöstern Ostasiens prinzipiell vegetarisch gekocht, nicht jedoch in denen des sogenannten südlichen Buddhismus oder im Himalaya. Auch in den mir bekannten vietnamesischen Gemeinschaften wird kein Fleisch verzehrt. In den buddhistischen Zentren des Westens ist dies weitgehend ebenso der Fall. Das ist gut nachzuvollziehen und kann als vorbildlich auch für die Besucher angesehen werden. Allerdings muss zunächst betont werden, dass der Buddha seinen Anhängern keinen Vegetarismus vorgeschrieben hat. Auch aus diesem Grunde wird er heute oft als Pragmatiker bezeichnet. Essensvorschriften gab er nur den Ordinierten. Einerseits sollen sie das ihnen gespendete Essen annehmen, selbst wenn es sich um fleischliche Kost handelt.

Wird eine Einladung ausgesprochen, dürfen sie freilich nicht zu verstehen geben, sie würden gern Fleischliches zu sich nehmen. Auch dürfen sie weder sehen, hören noch vermuten, dass ein Tier extra für sie geschlachtet wird.

Nun kann man den Umgang mit den Nutztieren in einer gewissen Spannung zum ersten Gelöbnis für die Ordensleute wie für die Laiennachfolger sehen. Man gelobt nämlich aus eigener Einsicht, keine Lebewesen zu töten. Anders als beim entsprechenden christlichen Gebot, nicht zu töten, werden hier auch die Tiere einbezogen – ein wichtiger Aspekt, den viele westliche Menschen zu schätzen wissen.

Die Frage, wie das erste Gelöbnis mit einiger Konsequenz angewendet werden kann, stellt sich gegenwärtig, wie ich meine, in anderer Dringlichkeit als in längst vergangenen Zeiten. Als Buddhisten wollen wir uns darin üben, die Ursachen und Auswirkungen dessen, was wir bewirken, zu bedenken. Es ist heute weithin bekannt, dass die Massentierhaltung und die industrielle Nahrungsmittelproduktion die Umwelt weltweit in maßloser Weise schädigen, sodass die Frage der Mitverantwortung unweigerlich viel stärker in den Fokus der Verbraucher rücken sollte. Zudem sind die Möglichkeiten, sich ohne Fleischkonsum bestens zu ernähren, hier und heute auf vielfache Art gegeben. Die Verdrängung des barbarischen, täglichen millionenfachen Tötens von Lebewesen ist freilich nach wie vor wirksam. Insbesondere in den Städten, wo man ein Stück Fleisch im Supermarkt erwirbt, bekommt man von all den grässlichen Dingen, die damit einhergehen, kaum etwas mit. Vielleicht möchte man das ja auch nicht?

Man kann es gerechtes Denken und Tun nennen, wenn man dem Impuls folgt, sich stattdessen für den Schutz der Tiere einzusetzen. Es stellt sich doch die Frage, warum diese nicht auch ein Recht auf Leben haben sollten. Dem Einwurf, auch Pflanzen, die wir verzehren, würden notwendigerweise ebenfalls vernichtet und auch sie besäßen ein erstaunlich entwickeltes Reaktionsvermögen, kann mit mancherlei Argumenten begegnet werden. Ohne hier den Versuch zu wagen, auf die biologischen Unterschiede von Pflanzen und Tieren, z. B. auch ihr Schmerzempfinden, einzugehen, sei zum einen angeführt, dass die Pflanzen, Gemüse und Früchte etwa, recht rasch verderben, wenn sie sich selbst überlassen sind. Anders die Kälber, die Küken ... Traditionell buddhistisch wäre dem noch hinzuzufügen, dass Tiere »Geist« besitzen, dass der Daseinskreislauf die Tierwelt einbezieht. Das heißt, solange ein Mensch nicht bestimmte Stufen der Reinigung seines Geistes und damit seines Verhaltens entfaltet hat, kann er eventuell als Tierwesen wiedergeboren werden.

Es verdient erwähnt zu werden, dass die seit einigen Jahren deutlich hervortretende Bewegung der Veganer größtenteils von recht jungen Leuten vorangetrieben wird. Mit einem frischen Blick auf das gleichgültige, unbewusste Verbraucherverhalten des Mainstreams spüren sie das Bedürfnis, sich dem zu verweigern. Sie nehmen das Tierwohl, die Grausamkeiten, die mit der Fleischerzeugung einhergehen, unerschrocken in den Blick, und vor allem ziehen sie ihre Konsequenzen daraus. Und eine Sensibilisierung kommt ins Spiel – nicht allein auf die Tiere bezogen, sondern auch auf die dort arbeitenden Menschen. Wie abgestumpft müssen diejenigen werden, die tagtäglich mit dem massenhaften Töten befasst sind? Schon vor einigen Jahrzehnten, als es in Hannover noch einen Schlachthof gab, hatte ich mehrfach die Gelegenheit, mit Studierenden der Tiermedizin bekannt zu sein, die ein Praktikum im Schlachthof absolvieren mussten. Gut in Erinnerung ist mir, wie sie sichtlich verstört von der Nervenbelastung berichteten, der sie sich dort ausgesetzt fühlten.

Aus buddhistischer Sicht kann gerechtes Tun in diesem Sinne allgemeiner gefasst als Rechtes Tun verstanden werden, geleitet von Mitgefühl und Einsicht in die Bedingungen und Auswirkungen der Lebensmittelproduktion sowie von Selbstverantwortung hinsichtlich des Grades der eigenen Beteiligung daran. Der Wunsch, die eigene Gesundheit möglichst wenig zu schädigen, kann hinzukommen, ebenso wie die Sensibilisierung für unsere Mitwesen. Kurz gesagt, es geht um eine vielschichtige Qualität des Herzens/Geistes, die von Klarsicht und Mitempfinden bestimmt wird.

Die Grundhaltung der Genügsamkeit, die auf dem Buddha-Weg hoch geschätzt wird, trägt ebenfalls dazu bei, die Ressourcen der Natur nicht unreflektiert auszubeuten. Und die Beziehung zu den Lebensmitteln, die verzehrt werden, kann in einer Doppelbedeutung klar bewusst werden. Einerseits scheint eine dankbare Verbundenheit mit den Gaben der Natur angemessen. Andererseits kann beim Zubereiten wie beim Verzehren tief bewusst werden, dass wir als Menschen darauf angewiesen sind, ständig lebende Dinge zu verbrauchen, zu zerstören. Ein Aspekt der Samsara-Welt, denn wir können nicht existieren, ohne auch andere(s) zu schädigen. Umso mehr mag es darauf ankommen, das Maß dieses Wirkens zu vermindern, wenn nämlich Mitgefühl und Klarsicht sowie der Wunsch, Gerechtigkeit gegenüber der Mitwelt möglichst wirksam werden zu lassen, bestimmende Motive des Tuns werden.

Ein Beispiel aus der Zen-Praxis

Wie die angesprochene innere Haltung, Gesinnung konkret beim Zubereiten und Verzehren der Speisen zum Ausdruck gebracht werden kann, sei abschließend in aller Kürze angesprochen. In der Zen-Küche sollte durchaus eine verehrende Achtsamkeit gegenüber den zur Verfügung stehenden Naturalien da sein. Diese werden als kostbar gewürdigt, kein Reiskorn sollte demnach vergeudet werden. Wichtig ist eine besondere Bezogenheit sowohl auf die Pflanzen als auch auf die zu benutzenden Dinge und Utensilien, die Schalen, Messer, Töpfe usw., die über ein von ökologischem Verständnis ausgehenden Verhalten noch hinausgeht. Es ist die Art, wie jene Dinge gehandhabt werden und nach dem Gebrauch an ihren Platz zurückgestellt werden, eine Sorgsamkeit, mit der das Gemüse zerkleinert wird, die zugrunde liegende dienende Haltung gegenüber der Gemeinschaft der Weg-Übenden, die verfeinerte Einfachheit der zubereiteten Speisen, die eine spezifische, wunderbare Harmonie zwischen dem Koch und den Dingen entstehen lässt.

Auch im Prozess des Konsumierens kommen diese Aspekte zum Ausdruck. An dieser Stelle des Vortrages wurde das im Soto-Zen gebräuchliche, in ein Tuch eingebundene Schalenset präsentiert und geöffnet. Der Größe nach werden drei der Schalen in einer Reihe platziert, die vierte und kleinste wird hinter die dritte Schale gesetzt. Im Einzelnen sind viele Details zu beachten, worauf hier nicht einzugehen ist. Wenn dann den auf dem Kissen Sitzenden serviert wird, geht es um ein Geben und Empfangen in achtsamer Präsenz. Verbeugungen und das Anreichen der jeweiligen Schale genau im rechten Moment erzeugen eine Atmosphäre der Verbundenheit.

Begleitet wird das Geschehen von einer Rezitation, in der unter anderem der lange Weg der Nahrung von den Feldern bis zur Küche bedacht wird, ferner die Einstellung beim Verzehren, Dankbarkeit, Gierlosigkeit und der Wunsch, der Körper möge für den Übungsweg gestärkt werden. Und die Genügsamkeit wird durch das Maß der Schalen vorgegeben. Einmal kann nachgenommen werden, doch der Schalenumfang veranlasst dazu, das eigene Maß zu finden. Es ist dabei nicht möglich, etwas übrig zu lassen, da die Schalen abschließend mit Wasser gereinigt und wieder ineinander gestellt und mit dem Tuch umwickelt werden. Ausgenommen im Krankheitsfall wäre dies möglich, wobei dann die Schalen vom Servierenden abgeholt würden.

Tatsächlich ist das hier Angesprochene erfahrungsgemäß keine Selbstverständlichkeit. Als ich kürzlich eine Großveranstaltung einer anderen buddhistischen Tradition besuchte, bestätigte sich dies. Den Anwesenden wurden die Speisen an einem Büfett auf einen Teller gefüllt. Doch wunderten wir Ordensleute uns darüber, wie viel davon schließlich in den Abfalleiner wanderte. Die oft gescholtene Wegwerfmentalität zeigte sich erstaunlicherweise auch dort. Die ins Detail gehende Schulung im Zen lässt sich so gesehen besonders wertschätzen.

Beim Essen wird die jeweilige Schale hochgehoben, näher in Richtung des Mundes gebracht. Wir halten das Gefäß in der Hand, nehmen wahr, dass die Speise vom Schalenrund umschlossen wird. Dies vermittelt ein Gespür dafür, wie distanzierend doch das Essen von einem Teller, wie relativ lang der Weg des Löffels oder der Gabel ist, bis ein Stück Speise ihr Ziel erreicht hat. Durch all die genannten Aspekte wird eine besondere Verbundenheit – körperlich wie geistig – mit den Speisen, Utensilien und den beteiligten Menschen realisiert. Eine Verbundenheit, die überdies auch an jener Stelle der Rezitation ins Bewusstsein kommt, wenn es heißt, dass wir zusammen mit allen Wesen essen.

(Dagmar Doko Waskönig ist Dharma-Lehrerin und Leiterin des Zen-Dojo Shobogendo, Hannover)

ABSTRACT

This paper first of all reflects the position which the justice issue might have in Buddhism. It may be connected with the relation to all living beings and thus be turned into an ethical perspective even though justice is a less focused on issue than in Christianity. Vegetarianism is not obligatory in Buddhism even though being recommended, and monks or lay Buddhists who are offered meat should take it as long they are hosted. The Buddha had a pragmatic approach in general and to the theme of food but taught that all living beings should be part of the mindfulness and attention when food is considered. Also the act of eating should be performed in a stage of mindfulness as is described in the last part of the paper relating to the traditions of the school of Soto Zen.

Der nun folgende Bericht über den Internationalen Bonhoeffer Kongress im Juli 2016 in Basel, auf dem es insbesondere um die Auslandserfahrungen und den Ökumenebezug Bonhoeffers ging, stammt von Dr. Christine Schliesser (Universität Zürich), die Vorstandsmitglied der Internationalen Dietrich-Bonhoeffer-Gesellschaft, deutschsprachige Sektion (www.ibg-net.de), ist. (UD)

Dietrich Bonhoeffer in einer globalen Zeit: Christlicher Glaube, Zeugnis, Dienst

Bericht über den XII. Internationalen Bonhoeffer Kongress vom 6. bis 10. Juli 2016 in Basel

Alle vier Jahre lädt die Internationale Dietrich-Bonhoeffer-Gesellschaft, die sich die Bewahrung und bleibende Aktualisierung des Erbes Dietrich Bonhoeffers zur Aufgabe gemacht hat, zu einem internationalen Kongress. Vom 6. bis 10. Juli 2016 fand der XII. Internationale Bonhoeffer Kongress statt, zu dem 220 Bonhoeffer-Forscher und Bonhoeffer-Interessierte aus 21 Ländern nach Basel gekommen waren.

Dieser Kongress hatte es sich zum Ziel gesetzt, die Prägung von Bonhoeffers Theologie durch seine Auslandserfahrungen und ökumenischen Begegnungen zu reflektieren. Dabei sollte auch der Differenz Rechnung getragen werden, die zwischen seiner Situation und der unsrigen besteht, zeichnet sich letztere doch vor allem durch eine weiter zunehmende Globalisierung aus, die unser eigenes Leben in größere Zusammenhänge und Verstrickungen stellt. Aus diesem Grund fragte die Tagung: Kann Bonhoeffers Theologie auch in der gegenwärtigen globalen Situation hilfreich sein? Und wenn ja, wie? Jeder der drei Konferenztage hatte dabei einen anderen Akzent; es ging um den christlichen Glauben, das christliche Zeugnis und den christlichen Dienst in einer globalisierten Welt. Diese Themen wurden in sieben Hauptvorträgen entfaltet und in insgesamt 60 kürzeren Nachmittagsvorträgen in deutscher und englischer Sprache vertieft. Im Folgenden sollen einige Eindrücke aus den Hauptvorträgen wiedergegeben werden.

In seinem Eröffnungsvortrag beleuchtete *Christoph Ramstein* (Basel) »Dietrich Bonhoeffer und seine Beziehungen zu Basler Pfarrern«. Ramstein hob dabei insbesondere Bonhoeffers Freundschaft mit dem Basler Pfarrer Alphons Koechlin (1885–1965) hervor, mit dem er gemeinsam in der internationalen ökumenischen Arbeit aktiv war. Auch bei der verdeckten Rettungsaktion *Unternehmen Sieben*, bei dem 14 deutsche Juden in der Schweiz Zuflucht fanden, war Koechlin einer von Bonhoeffers Kooperationspartnern. Neben Koechlin waren es besonders Wilhelm Vischer (1895–1988) und Eduard Thurneysen (1888–1974), mit denen Bonhoeffer in Basel engeren Kontakt hielt. Die theologische Arbeit beider wurde von Bonhoeffer sehr geschätzt. Vischers christologisch inspirierte Auslegung des Alten Testaments schlug sich auch in Bonhoeffers eigenem Denken nieder, etwa in seiner Auslegung von Genesis 1–3 in *Schöpfung und Fall*. Mit Vischer verband Bonhoeffer auch die Arbeit am Betheler Bekenntnis, doch distanzierten sich beide noch vor seiner Fertigstellung von dem Dokument aus Protest gegen dessen fehlende Positionierung gegen die deutsche Judenfeindlichkeit. Nachdem so gleichsam die lokale Kontextualisierung erfolgt war, stand am ersten vollen Konferenztag der christliche Glaube in einer globalisierten Welt im Mittelpunkt.

»Once more, Bonhoeffer and Barth on whether the finite can bear the infinite.« *Michael DeJonge* (Tampa, USA) ging in seinem Beitrag den Gemeinsamkeiten und Differenzen in der Theologie Bonhoeffers und Barths nach anhand ihres jeweiligen Verständnisses des lutherischen *finitum est capax infiniti* bzw. des reformierten *finitum est incapax infiniti*. Die Frage, ob das Endliche in der Lage sei, das Unendliche in sich zu tragen, werde von Barth klar verneint. Zu groß sei die Gefahr, so Barth, dass eine Vergöttlichung der menschlichen Natur in Christus auch eine Vergöttlichung des Menschen nach sich ziehe. Dieser Gedanke werde von Bonhoeffer geteilt. »Überall müssen wir eine Vermenschlichung, d.h. eine oberflächliche Verkürzung des Offenbarungsbegriffs konstatieren: man versucht Göttliches durch Menschliches zu begreifen, indem man es nicht streng scheidet und vergisst das alte: finitum incapax infiniti.«[1] Zugleich wies DeJonge auf einen bleibenden Unterschied zwischen Barth und Bonhoeffer bei dieser Thematik hin,

---

[1] Dietrich Bonhoeffer, Lässt sich eine historische und pneumatische Auslegung der Schrift unterscheiden, und wie stellt sich die Dogmatik hierzu?, in: ders., DBW 9, 305–323, 310.

da Bonhoeffer nämlich eine »exclusive christological agency« der Person Christi annehme.

Den dogmatischen Faden vom vorigen Beitrag aufnehmend, zeichnete *Rowan Williams* (Cambridge, UK), ehemaliger Erzbischof von Canterbury, in seiner Intervention »Christology and Politics as Discourses of Transformation« die christologische Perspektive von Bonhoeffers Ethik und ihre politischen Implikationen nach. In seinen Überlegungen ließ er sich von einem theologischen Spitzensatz in Bonhoeffers Ethik leiten: »In Jesus Christus ist die Wirklichkeit Gottes in die Wirklichkeit der Welt eingegangen.«[2] In der einen Christuswirklichkeit sei es nur noch möglich, an der Wirklichkeit Gottes inmitten der Welt teilzuhaben und umgekehrt. Dies verband Williams mit Bonhoeffers Gedanken zur Nachfolge. Die *imitatio Christi* könne vor diesem Hintergrund kein äußerlicher Prozess bleiben, sondern es könne dabei nur um eine Gleichgestaltung mit Christus in ihren Dimensionen Inkarnation, Kreuzigung und Auferstehung gehen. Diese Transformationsprozesse hätten, so Williams, auch Auswirkungen auf das Umfeld. So seien bestehende Strukturen im Sinne Bonhoeffers daraufhin zu prüfen, ob sie der Teilhabe der Welt an der Wirklichkeit Gottes dienen oder entgegenstehen.

Am zweiten Tag stand das christliche Zeugnis in einer globalen Welt im Fokus. Den Auftakt machte *Ulrich H.J. Körtner* (Wien, Österreich) mit seinem Vortrag »Vielfalt und Verbindlichkeit. Christsein in einem pluralistischen Kontext.« Mit Odo Marquard wies Körtner zunächst darauf hin, dass unsere Zeit durch einen »Abschied vom Prinzipiellen« gekennzeichnet sei. Dies gelte für alle Bereiche unserer pluralistischen Gesellschaft. Für die Theologie erweise sich daher insbesondere die Wahrheitsfrage und die Wiederkehr des Verbindlichen von Bedeutung. In diesem Sinne könne auch heutige Theologie von Bonhoeffer lernen, wenn sie sich der Frage stelle, wer Christus für uns heute ist. In Anlehnung an Hartmut Rosenaus Konzept einer »sapientialen Theologie«[3] plädierte Körtner für eine Theologie, die warten könne, bis »wieder Menschen berufen werden, das Wort Gottes so auszusprechen, dass die Welt darunter verändert und erneuert«[4] werde.

Vertieft wurde das Thema christliches Zeugnis in einer globalen Welt durch *Puleng LenkaBula* (Johannesburg, Südafrika) und ihren Beitrag »On Bonhoeffer

[2] Dietrich Bonhoeffer, DBW 6, 39.
[3] Hartmut Rosenau, Vom Warten – Grundriss einer sapientialen Dogmatik. Neue Zugänge zur Gotteslehre, Christologie und Eschatologie, Berlin 2012.
[4] Dietrich Bonhoeffer, DBW 8, 436.

and the Pursuit of Global Justice and Freedom: Lessons from Africa and Beyond.« Darin reflektierte LenkaBula die Bedeutung von Bonhoeffers Leben und Denken für das Bemühen um Gerechtigkeit und Freiheit in ihrem Heimatland Südafrika und weltweit. Im Fokus ihrer Überlegungen standen dabei die weltweiten ökonomischen, ökologischen und politischen Herausforderungen. Am Beispiel Südafrikas, neben Brasilien das Land mit den weltweit größten Unterschieden zwischen arm und reich, machte sie deutlich, dass sich verantwortungsvolles Handeln an der Perspektive der Armen orientiere. Aus christlich-feministischer Perspektive sieht sie dabei insbesondere die Kirchen in der Pflicht, sich für eine geschlechtergerechte Gesellschaft einzusetzen.

Der dritte und letzte Tag war dem Thema »Christlicher Dienst in einer globalisierten Welt« gewidmet. Den Auftakt machte *Esther D. Reed* (Exeter, UK) mit ihren Beitrag »Dietrich Bonhoeffer and the Limits of Responsibility in a Global Common Ethic«. Darin stellte sich Reed der Aufgabe, Bonhoeffers Verantwortungsverständnis für unsere heutige Zeit fruchtbar zu machen. In unserer globalen Welt verliere zwar das traditionelle Akteur-Handlung-Konsequenz-Schema an Plausibilität, da die unmittelbaren Konsequenzen des eigenen Handelns nicht immer unmittelbar nachzuverfolgen seien. Als Beispiele nannte Reed unser Konsumverhalten, das Auswirkungen bis in ferne Länder habe. Und doch hätten Bonhoeffers sozio-theologische Überlegungen nichts an ihrer Aktualität verloren. Bonhoeffers Forderung, das Transzendente im jeweiligen Nächsten zu sehen,[5] werde durch die Globalisierung nicht haltlos, sondern in einen neuen, weiteren Kontext gestellt. Vor diesem Hintergrund stellten sich auch neue Herausforderungen durch Bonhoeffers Beschreibung der Kirche als »Kirche-für-andere«, die nicht nur auf die eigene Gemeinde vor Ort, sondern auf die weltweite Kirche Christi zu beziehen sei.

Eine kontextualisierte Perspektive auf das Thema »christlicher Dienst« brachte *Pascal Bataringaya* ein, Präsident der Presbyterianischen Kirche in Ruanda, mit seinem Beitrag »Wege zur Versöhnung. Die ruandischen Kirchen und die Arbeit der Versöhnung nach dem Genozid – Impulse der Friedensethik Dietrich Bonhoeffers«. Er beschrieb eindrücklich den Versöhnungsprozess in seinem Heimatland Ruanda nach dem Genozid gegen die Tutsi 1994, bei dem ca. eine Million Menschen ihre Leben verloren. Im Umgang mit dieser Vergangenheit

---

[5] »Nicht die unendlichen, unerreichbaren Aufgaben, sondern der jeweils gegebene erreichbare Nächste ist das Transzendente.« Dietrich Bonhoeffer, DBW 8, 558.

setzte die ruandische Regierung eine traditionelle Form alternativer Konfliktlösung ein, die so genannten Gacaca-Gerichte. Bei diesen Gerichten ist weniger ein retributives Gerechtigkeitsverständnis leitend, als vielmehr ein transformatives, bei dem die Versöhnung und die Erneuerung von Beziehungen handlungsleitend ist. Vor diesem Hintergrund versuchte Bataringaya, Bonhoeffers Theologie für den spezifischen ruandischen Kontext fruchtbar zu machen. Als besonders produktiv erwiesen sich dabei Bonhoeffers Gedanken zur »tiefen Diesseitigkeit des Christentums«.[6] Diese Diesseitigkeit zeigt sich nach Bataringaya in den unterschiedlichen Gestalten des alltäglichen Lebens im allgemeinen sowie in den konkreten Sorgen, Freuden und Ängsten seiner Landsleute, die sich auch mehr als 20 Jahre nach dem Genozid mit den Herausforderungen eines andauernden Versöhnungsprozesses konfrontiert sähen.

Die 60 Nachmittagsvorträge widmeten sich so unterschiedlichen Themen wie »Engaging Dietrich Bonhoeffer and Carl Schmitt in a Contemporary Chinese Context«, »Die Potentiale der Christusorientierung von Bonhoeffers Theologie und Spiritualität für den interreligiösen Dialog«, »Bonhoeffer's Contribution to Christian Witness in a World of Suffering with Particular Reference to Africa« oder der Frage, ob »Bonhoeffer als öffentlicher Theologe« gesehen werden kann. Dem Abschluss dieser vielstimmigen und vieldimensionalen Tagung bildete die Verleihung des Karl-Barth-Preises der Union Evangelischer Kirchen (UEK) an Michael Welker (Heidelberg). In der Laudatio durch den Berliner Bischof Markus Dröge erinnerte dieser daran, dass der Bezugspunkt von Welkers Theologie in all ihrer Kreativität stets die Barmer Theologische Erklärung sei.

Bei allen kritischen Anfragen an Bonhoeffers Theologie und bei allen bleibenden Herausforderungen, vor die uns sein Denken auch heute noch stellt, in einem wurde ihm unumwunden zugestimmt: »Es war ganz herrlich in Basel. Nur doch noch zu kurz.«

[6]   Dietrich Bonhoeffer, DBW 8, 541.

Judith Albisser / Arnd Bünker (Hg.), **Kirche in Bewegung.** Christliche Migrationsgemeinden in der Schweiz, St. Gallen: Edition SPI, 2016, 252 S., mit zahlr. Graphiken, CHF 29,90

Die Studie *Christliche Migrationsgemeinden in der Schweiz* des Schweizerischen Pastoralsoziologischen Instituts (SPI) St. Gallen ist der Kern dieses Bandes. Ausgangspunkt ist die Veränderung des Christentums durch Migrationsbewegungen. Die Sichtbarkeit von christlichen Migrationsgemeinden nimmt zu, und gleichzeitig gibt es wenig Wissen über diese »neuen« Akteure in der kirchlichen Landschaft. Die explorative Studie gibt einen umfassenden Einblick in das Phänomen christlicher Migrationsgemeinden und verdeutlicht weiteren Forschungsbedarf.

Der Band besteht aus zwei Teilen. Im ersten Teil werden die Ergebnisse vorgestellt. Zuerst beschreibt *Judith Albisser* hier die erhobenen Daten. Darauf aufbauend erläutert *Arnd Bünker* Erkenntnisse über Gründe und Trends zur Öffnung oder Abschottung von Migrationsgemeinden gegenüber ihrem Umfeld. Im zweiten Teil, *Kommentare und Perspektiven*, interpretieren und vertiefen ExpertInnen die Ergebnisse.

Im Rahmen der Studie wurden 635 Migrationsgemeinden identifiziert und angeschrieben. Der Rücklauf betrug 370 Antworten, auf denen diese Studie basiert. Die Autoren unterteilen die Migrationsgemeinden in vier Konfessionstypen: (1) neue evangelische Kirchen (148 Gemeinden) als Oberbegriff für evangelikale, charismatische, pfingstkirchliche oder neopentekostale Gruppen oder Kirchen, (2) römisch-katholische und unierte Kirchen (118 Gemeinden), (3) evangelisch-historische Kirchen (70 Gemeinden) und (4) orthodoxe Kirchen (34 Gemeinden) (S. 24).

Anhand der Gründungsjahre wird gezeigt, dass Migrationsgemeinden kein neues Phänomen sind, aber ihre Bedeutung erst in den letzten Jahren zugenommen hat. Innerhalb der letzten 22 Jahre fanden 47,3% aller Neugründungen statt (S. 33). Einen Einblick in die *Geschichte der Migrationsgemeinden* gibt *Foppa* an späterer Stelle (S. 133–139).

Die Daten zur Mitgliederzahl, demographischen Zusammensetzung, Gottesdienstsprachen sowie die Anzahl der Gottesdienstteilnehmenden verdeutlichen den Facettenreichtum der Migrationsgemeinden. Hervorzuheben ist die Messung ihrer Stabilität anhand der Veränderung der Gottesdienstteilnehmenden. Das Ergebnis zeigt, dass über drei Viertel (77,6%) der Migrationsgemeinden in den letzten fünf Jahren stabil geblieben oder gewachsen sind (S. 50).

Über die Hälfte der Migrationsgemeinden (54.4%) verwenden im Gottesdienst mehrere Sprachen. Insgesamt werden 39 verschiedenen Sprachen gesprochen (S. 57). Im zweiten

Teil vertiefen *Baumann-Neuhaus* und *Kessler* in ihren Beiträgen die soziokulturellen und emotionalen Implikationen von Sprache (S. 141ff).

Anhand netzwerkanalytischer Modelle werden zivilgesellschaftliche Potentiale der Migrationsgemeinden gemessen. Zwar variieren die Angaben zwischen den Konfessionstypen, aber es ist zu erkennen, dass wenig Vernetzung oder gemeinsame Projekte existieren (S. 77). Die Herausforderungen der ökumenischen Beziehungen und Chancen der Vernetzung verdeutlichen *Heuser* am Beispiel der Lighthouse Chapel International (S. 197 f) und *Röthlisberger* für den Kontext der reformierten Landeskirchen (S. 205 f).

Das zivilgesellschaftliche Potential der Migrationsgemeinden besteht vor allem darin, dass sie ein Ort sind, an dem ihre Mitglieder neben der seelsorgerlichen Begleitung auch im Alltagsleben Unterstützung erfahren (S. 83).

Auch die Sicht der Migrationsgemeinden auf die Schweiz und ihre Kirche wird in der Studie abgefragt. Gut drei Viertel aller Migrationsgemeinden empfinden, dass der christliche Glaube in der Krise sei (S. 87). Auch die Aussage, dass die Schweiz neu evangelisiert werden müsse, erhält eine sehr hohe Zustimmung. Bei den neuen evangelischen Kirchen beträgt sie gar 93% (S. 89). Die römisch-katholische und unierte Kirchen mit 81% und die neuen evangelischen Kirchen mit 84% sind überzeugt, dass ihre Gemeinde der Evangelisierung der Schweiz diene (S. 93). Im Abschnitt *Katholizität, Fremdheit und Missionen* des zweiten Teils werden diese Aussagen in den Beiträgen von *Loieri, Delgado* und *Behloul* zum Teil aufgenommen und kritisch reflektiert (S. 213 ff).

Ein starker Fokus der Studie liegt auf der Zusammenarbeit zwischen katholischen Migrationsgemeinden und Schweizer Pfarreien. Die Studie zeigt, dass zwar über 70% der Gemeinden gemeinsame Gottesdienste feiern, in anderen Bereichen aber weniger Zusammenarbeit geschieht. Von Seiten der katholischen Migrationsgemeinden besteht vor allem der Wunsch nach einer verbesserten Zusammenarbeit und der Akzeptanz anderssprachiger Missionen (S. 101). Konkrete Beispiele und Überlegungen hierfür benennen die AutorInnen (*Hoffmann, Amherdt, Serra-Rambone, Neider*) im zweiten Teil des Buches im Abschnitt *Miteinander leben, voneinander lernen*.

Ergänzend zur Situation der katholischen Migrationsgemeinden beschreibt *Albisser* die Organisation und Finanzierung bei evangelischen und orthodoxen Migrationsgemeinden. Über 70% der Gemeinden sind als Verein organisiert und durch Spenden finanziert (S. 104).

Die Rückschlüsse auf das Selbstverständnis der Gemeinden basieren auf den qualitativen Aussagen der Studie. Zuerst benennt *Bünker* als übergreifende Merkmale der Migrationsgemeinden Raum- und Finanzprobleme, Personalprobleme sowie mangelnde Anerkennung und Wunsch nach Sichtbarkeit (S. 113f). Die unterschiedlichen Selbstbeschreibungen klassifiziert er nach drei Grundtypen, die sich einfachen Zuweisungen zu Konfession und Sprache entziehen: (1) Betreuungstyp: Der Fokus liegt auf der Betreuung von

Gemeindemitgliedern in der jeweiligen Muttersprache; (2) Abgrenzungstyp: Abgrenzungen, so *Bünker*, finden zum einen durch religiöse Wahrheitsansprüche oder durch rituelle, kulturelle oder ethnische Merkmale statt. (3) Missionstyp: Dabei geht es zum einen um die Evangelisierung der Schweiz, aber zum anderen auch um das Selbstverständnis, Teil eines weltweiten missionarischen Netzwerkes zu sein. In seinem Fazit plädiert Bünker dafür, die postmigrantische Realität des Christentums in der Schweiz anzuerkennen und zu gestalten, da Migrationsgemeinden vor allem des Abgrenzungs- und Missionstyps sich in der kirchlichen Landschaft dauerhaft etabliert haben (S. 128).

Die Studie verdeutlicht, dass sowohl theologisch als auch in der kirchlichen Praxis ganz neu gedacht werden muss – so *Kosch* mit seinen *Vorüberlegungen zu einer Strategie für die katholische Migrationspastoral*, mit denen dieser Band endet.

Die Studie gibt einen umfassenden und auch neuen Einblick in die Situation, die Überzeugungen und das Alltagsleben von christlichen Migrationsgemeinden. Die darauf bezogenen Beiträge inspirieren, neue Perspektiven zu entwickeln. Die Studie sollte jedoch nicht nur als Grundlage für weitere Forschungsprojekte gesehen werden, sondern vor allem für den Dialog zwischen Migrationsgemeinden, Schweizer Pfarreien und Landeskirchen. Gefehlt hat m. E. die gründliche Auseinandersetzung mit der Situation der 2. Generation, den »Secondos«.

Bianca Dümling

Karl-Heinz Dejung / Gert Rüppell, **Ökumenische Gemeinschaft im Wandel der Zeiten.** Interkulturelle und interreligiöse Perspektiven der ökumenischen Bewegung, Berlin: EB-Verlag Dr. Brandt 2016, 366 Seiten, 24,80 EUR

In Zeiten, in denen das Interesse an Religionen und dem interreligiösen Dialog erfreulicherweise Hochkonjunktur hat, jedoch leider zugleich die Bereitschaft, der christlichen Ökumene und ihren Bewegungen Aufmerksamkeit zu schenken, geringer geworden ist, ist dieses Buch sehr zeitgemäß, indem es sich der Aufgabe stellt, die christliche Ökumene im Kontext von Interreligiösität und Multikulturalität zu behandeln. Das Buch geht in einer Mischung von systematischer Darstellung der ökumenischen Bewegung und der Behandlung von wichtigen Einzelthemen vor und ist von großem Engagement für die Sache geprägt.

In mehreren thematischen Durchgängen zunächst zu einer allgemeinen Geschichte der Ökumene schwerpunktmäßig anhand der Vollversammlungen des ÖRK, dann u.a. des missionstheologischen Gedankenguts, des Paradigmenwechsels hin zum dialogischen Ansatz wird nicht eine mechanische »Konferenzgeschichte« geboten, sondern eine Sinngeschichte nachgezeichnet, die inhaltliche Zusammenhänge verstehen lässt. Im Rahmen einer differenzierten Reflexion auf das Thema der christlichen/kirchlichen Einheit und ihrer biblischen Grundlagen wird noch einmal an Ernst Käsemann erinnert, der bereits 1961 nachgewiesen hat, dass der neutestamentliche Kanon nicht die Einheit der Kirche, sondern vielmehr die Vielfalt der Konfessionen des frühen Christentums begründe (37). Weiter geht es mit Edinburgh 1910 als Konferenz im Duktus des ausgehenden 19. Jahrhunderts und trotz triumphalistischer Verlautbarungen auch mit kolonialkritischen Aspekten, der Willinger Konferenz 1952 mit ihrer »Orgie der Selbstkritik« (65, 109) und dem Wechsel hin zum Rahmenbegriff *Missio Dei* und seinen mindestens zwei divergierenden Interpretationsmöglichkeiten auf der Basis einer präsentischen oder futurischen Eschatologie.

Die Autoren zeichnen den Weg hin zu einer Öffnung in den multikulturellen Kontext des Evangeliums nach, der allerdings nicht vor Kontroversen und Eklats wie dem Entrüstungssturm über den Vortrag der koreanischen Theologin Chung Hyun-Kyung in Canberra 1991 gefeit war (140f.). Nach einer kurzen Würdigung der neuen Missionserklärung des ÖRK »Gemeinsam für das Leben« (2012) wendet sich das Autorenpaar noch einmal dem mutmaßlichen Zentralthema der Ökumene zu: dem Weg zur »sichtbaren Einheit« der Kirche (151–174). Dieser Weg führte vom Traum des »Wiederherstellens« einer sichtbaren Einheit in Gestalt der »Wiedervereinigung der Kirchen« auf der Basis des viergliedrigen Vorschlags der anglikanischen Kirche (»organische Union«) über förderative Einheitsmodelle hin zur »konziliaren Gemeinschaft« und »versöhnten Verschiedenheit«. Der Problematik der schwierigen »sichtbaren Einheit« war bereits in New Delhi 1961 mit der de-zentralisierenden Formel »alle an jedem Ort« (158) Rechnung getragen worden. Die Vielfalt der Kontexte und der langfristig nicht »wiederzuvereinigenden« Konfessionen wurde zunehmend auch theologisch-konzeptionell verstanden nicht als Skandal, sondern als Grundlage einer »Differenzökumene«, die vom Reichtum der Vielfalt und von der Vision der sichtbaren Einheit des Leibes Christi lebt, wie sie noch einmal von der ÖRK-Vollversammlung in Harare 1998 formuliert wurde (173f.). Das umfangreiche Kapitel 7 zum sozialethischen Einsatz der Ökumene führt von den frühen Netzwerken (Praktisches Christentum, Bund für internationale Freundschaftsarbeit der Kirchen) zu Beginn des 20. Jh.s bis zum Thema des gerechten Friedens und der Kirche von den Rändern. Es wird gefolgt von drei Kapiteln, die konfessionelle Themen aufgreifen: Katholizismus, Orthodoxie und Pfingstkirchen und ihr jeweiliges Verhältnis zur ökumenischen Bewegung. Es handelt sich um drei große konfessionelle Komplexe, die je in unterschiedlicher Weise selbst ökumenische Prozesse gestalten und unterschiedlich mit dem ÖRK kooperieren. Die Römisch-katholische Kirche formulierte – nach mitunter anders gearteten Zwischenüberlegungen – noch einmal 1975, dass eine Mitgliedschaft im ÖRK ausgeschlossen sei (225); sie sei aber als »unsichtbarer Dritter« immer mit im Spiel (so Peter Neuner, zitiert 219). In den letzten Kapiteln kommt der deutsche Protestantismus mit seinem spezifischen Engagement für die und mit der Ökumene zu Wort sowie schließlich auch die schwierige Seite einer Genfer Ökumene, die auch sozialethisch und politisch aktiv wird: Widersprüche und Protest gegen (angeblich) einseitiges Engagement und ein (mutmaßlich) politisches Missverstehen des Mandats.

In ihren Schlusskapiteln plädieren die Autoren für die Einbettung des Nachdenkens über die ökumenische Bewegung in die Denkstrukturen der Interkulturellen Theologie mit ihrer doppelten Aufgabe der interreligiösen Begegnung und des Aufbrechens der eurozentrischen Selbstreflexivität des theologischen Diskurses. Sie warnen vor einem Ausspielen der neuen Möglichkeiten der Netzwerke gegen die institutionalisierte Ökumene in Gestalt des ÖRK als des »vornehmsten Instruments der Ökumenischen Bewegung« (331): »Ohne einen aktiven ÖRK wird es je länger desto weniger eine lebendige Ökumenische Bewegung geben!« (339)

Das Buch erfüllt zwei wichtige Funktionen: Es ist ein hochgradig engagiertes und exzellent informiertes Lehrbuch über die ökumenische Bewegung aus der Feder zweier herausragender deutscher Ökumeniker (von denen allerdings K.-H. Dejung leider das Erscheinen des Buchs nicht mehr erlebte, vgl. ZMiss 4/2016, 442), das gerne auch den Einführungen in die Interkulturelle Theologie an die Seite gestellt werden kann. Zum anderen ist es eine Verteidigungsschrift zur Erhaltung und Weiterführung der ökumenischen Bewegung unter den Bedingungen eines polyzentrischen und sich interkulturell weiterentwickelnden Christentums in einer religiös pluralen Welt.

Insgesamt: ein sehr wichtiges Buch, das in die vielen Hände einer ökumenisch interessierten Leserschaft (und einer solchen, die es werden sollte) gehört.
Ulrich Dehn

Susanne Hennecke / Ab Venemans (Hg.), **Karl Barth – Katsumi Takizawa. Briefwechsel 1934–1968** (einschließlich des Briefwechsels Charlotte von Kirschbaum – Katsumi Takizawa), Göttingen: Vandenhoeck & Ruprecht 2015, 307 Seiten, 100,00 EUR

Das Buch bietet einen interessanten Einblick in das Denken und (in manchen Hinsichten) Leben des wichtigen japanischen Religionsphilosophen Katsumi Takizawa (1909–1984), der sich zu weiten Teilen seines Denkweges an Karl Barth und seiner Theologie abgearbeitet hat. Der Band umfasst, auch wenn die Namensreihenfolge im Titel etwas anderes suggerieren könnte, einige Aufsätze Takizawas, die seine Auseinandersetzung mit Barth in besonderer Weise spiegeln, sowie den kompletten Briefwechsel zwischen Takizawa und Barth (bzw. Charlotte v. Kirschbaum). Dieser Brief-»Wechsel« besteht wiederum weitgehend aus Briefen von Takizawa und nur sehr wenigen Briefen, mit denen Barth oder v. Kirschbaum auf Takizawa antworteten.

Die Denk-Geschichte Takizawas, an der dieser Band seine Leser teilhaben lässt, hebt damit an, dass der japanische Philosoph als Student von seinem Lehrer Nishida Kitaro den Rat erhielt, während seines Auslandsstudiums in Deutschland (1933–1935) nicht einen der damals gängigen Philosophen zu hören, sondern bei Karl Barth zu studieren, der in Bonn lehrte. Takizawa hörte 1934 Barths Vorlesung über die Jungfrauengeburt (enthalten in § 15 der Kirchlichen Dogmatik I/2), die ihn tief beeindruckte und zu immer neuer Auseinandersetzung anregte. Er glich seine eigene Denkfigur des Urfaktums Immanuel I (das Absolute, Gottes ursprüngliche Beziehung zum Menschen) und Immanuel II (Menschwerdung in Jesus Christus) ab mit der Unterscheidung von Sache (Takizawa: Immanuel I) und Zeichen (Immanuel II), die Barth in seiner Vorlesung verwendet. Er findet jedoch bei Barth eine christologische Überbetonung auf dem Zeichen (vor der Sache), die dazu führen würde, dass die Anerkennung eines Glaubens *extra muros ecclesiae* auf dem Spiel stünde. Takizawa mahnt bei Barth eine deutlichere Unterscheidung und Unverwechselbarkeit von Sache und Zeichen an. Erst im Zusammenhang seiner Taufe entdeckte er die universale Bedeutung des Immanuel II für sich. Dieser Denkweg, der für Takizawa vom Studentendasein über Assistenz bei Nishida bis schließlich zur Philosophieprofessur führte, wird in S. Henneckes einleitendem Aufsatz einleuchtend und in den Kontext der Barthforschung einbettend nachgezeichnet. Auch würdigt sie den Interpretationsansatz Takizawas, eine starke Kontinuität vom Barth des Römerbriefs bis hin zum späten Barth zu sehen, im Unterschied etwa zu einer Hermeneutik des Bruchs zwischen einem dialektischen (seit 1915) und einem analogen Barth (seit 1931). Takizawa, der immer wieder von Seiten einiger Barth-Schüler den Vorwurf der natürlichen Theologie einsteckte, beschreibt selbst seinen Weg in den dokumentierten Aufsätzen, von denen hier zwei erstmalig zugänglich gemacht werden. Neben stark autobiographisch geprägten Texten findet sich hier auch Takizawas Vortrag auf der Barth-Tagung (»Religion/Religionskritik bei Karl Barth...«) in Leuenberg 1979 (97–134), in dem er den Weg Barths theologisch nachzeichnet, sein Denken mit seiner The-Anthropologie abgleicht und Barths Weg bis hin zu den gesellschaftsideologischen und ökumenischen Dimensionen verfolgt. Hier zeigt sich in besonderer Dichte die Sorgfalt und Beobachtungsgabe, mit der Takizawa die Denkentwicklung Barths als eines seiner beiden wichtigsten Lehrer verfolgt hat.

Der Briefwechsel umfasst etwas mehr als die Hälfte des Buchs (135–301) und besteht aus 74 Briefen von Takizawa an Barth, 10 Briefen an Ch. v. Kirschbaum, 6 Briefen von Barth an Takizawa und zwei Briefen von v. Kirschbaum an Takizawa, also mit einem sehr deutlichen Übergewicht der Briefe des japanischen Philosophen. Sie geben einen wichtigen Einblick in die Intensität, mit der Takizawa sich auch in Japan über mehr als drei Jahrzehnte hinweg mit der Entwicklung deutschsprachiger Theologie befasste, zugleich aber auch seinerseits auf dem Hintergrund seiner theologischen Gratwanderung selbstbewusster in seinen Einschätzungen gegenüber dem hochverehrten Lehrer wurde. Die Wahrnehmung der Differenzen zwischen Emil

Brunner und Barth, die theologische Einschätzung des Cullmannschen Buchs »Christus und die Zeit«, die sehr freundliche und vorsichtige Reaktion darauf, dass Barth sich in der Kirchlichen Dogmatik § 17 mit der Jōdo Shinshū, also dem Zweig des japanischen Buddhismus, der von einer vom Buddha Amida erteilten Gnade ausgeht, befasst (191), sind hier zu finden. Auch die in den wenigen Barthschen Briefen gegebene Einschätzung der Lage in Deutschland, so in einem Brief von 1949 die Bemerkungen über den »entmythologisierenden« und »anthropologisierenden« Bultmann in Marburg und den »ungeheuer fleissigen« Ernst Wolf in Göttingen (201) und Berichte über den Fortschritt seines Hauptwerks geben wichtige Einblicke hinter die Kulissen des großen Theologen. Noch in einem langen Brief von 1958 reflektiert Takizawa über seine und Barths Stellung zur sinnvollen Gewichtung und Unterscheidung der beiden »Fakten« Immanuel I und II, Sache und Zeichen, und die (aus Takizawas Sicht) aus Barths Theologie notwendig zu ziehende Konsequenz (240–244). In diesem Brief teilt er Barth seinen Taufentschluss mit, zu dem Barth ihm alsbald gratuliert. Es kommen in den Briefen zahlreiche Details aus der privaten Situation der Briefschreiber nicht zu kurz, Blicke auf die jeweilige Familie und das Ergehen einzelner Familienmitglieder, auf die Umgebung, Wünsche, sich gegenseitig wiederzusehen.

Das Buch ist eine Fundgrube für jeden am Denken und Leben von Katsumi Takizawa Interessierten zumal in dieser Kombination von Aufsätzen, die bereits starke autobiografische Anteile haben, und den Briefen, die neben Berichten aus dem Alltag den Denkweg mit authentischem Material anreichern und oft mehr und andere Einsichten vermitteln als Schriften, die von vorneherein »zum Fenster hinaus« geschrieben sind.

Ulrich Dehn

Christel Kiel, **Maasai Diviners and Christianity.** An Investigation of Three Different Clans of IlÓibonok in Tanzania and the Attitude of the Lutheran Church towards Them, Köln: Rüdiger Köppe Verlag, 2015, 12 + 146 Seiten, 1 Karte, 10 Farbfotos, 2 s/w Fotos, Glossar, 29,80 EUR

In »Maasai Diviners and Christianity« legt Christel Kiel, die viele Jahre unter den Maasai in Tansania gelebt und gearbeitet hat, ein zweites Buch vor, das sich neben ihrer Dissertation mit dem Titel »Christians in Máasailand: The History of Mission among the Máasai in the ELCT North Eastern Diocese« auch wieder mit den Máasai und ihrer Christianisierung auseinandersetzt. Diesem kleineren Werk legt sie über 18 Interviews zugrunde, die jeweils mit einem kurzen Kommentar gedeutet und erklärt werden. Über einen längeren Zeitraum hat sie die »IlÓibonok« (plural), die sogenannten »diviner« der Maasai interviewt, insbesondere auf ihren Bezug zum Christentum. Bereits bei der Begrifflichkeit beginnt eine Herausforderung, auf die die Autorin zu

Recht kritisch hinweist: In der Übersetzung der Bibel in die Maa-Sprache werden die Propheten stets mit »IlÓbonok« wieder gegeben. Aus ihren Forschungen kann Kiel allerdings belegen, dass ein biblisch-prophetisches Amt, welches Sozialkritik und politisches Engagement beinhaltete, in diesem Fall nicht im Blick ist. Da sich hier mal wieder offenbart, dass Übersetzung stets Interpretation ist, nutzt Kiel meist den Maa-sprachigen Terminus und gestattet sich keine Übersetzung – zumindest ist Prophet »avoided as much as possible« (32). Dieses vorsichtige Vorgehen kann durchaus der Gesamtstudie positiv angerechnet werden: Es werden keine Thesen aufgestellt, die nicht durch ihre Interviews belegt sind.

Kiel unterteilt ihre Studie in drei Hauptteile. Im ersten stellt sie anhand von sieben Interviews die Arbeits- und Betätigungsfelder eines »OlÓibóni« (singular) vor. Ein »OlÓibóni« wird durch Verwandtschaft in sein Amt gehoben – nicht das Erlernen und das Geschultwerden ist entscheidend, sondern dass der Vater ein solches angesehenes Amt bereits inne hatte. Nur dann kann ein junger Mann diesen Lebensweg für sich in Betracht ziehen. Kiel führt vier Faktoren an (44), mit denen sie immer wieder bei der Wahl des Sohns oder Neffen zum neuen »Olóiboni« konfrontiert wurde; Sein Bezug zum Vater, seine Absichtserklärung, seine intuitive Fähigkeit und ferner der »support of the influential sponsoring elders« (45). Die »IlÓibonok« werden als Mediatoren zwischen der sichtbaren und unsichtbaren Welt gesehen, um ihren Klienten in Fragen der Vergangenheit, der Gegenwart und der Zukunft Frage und Antwort zu stehen. Ihre weiteren Tätigkeitsfelder konzentrieren sich u.a. auf das Friedenstiften und/oder das Vollziehen diplomatischer Handlungen. Die »IlÓibonok« sind weniger Seelsorger, die sich um spirituelle Angelegenheiten kümmern, als vielmehr Personen, die Ratschläge zur Gestaltung des Lebens und der angetroffenen Konflikte geben.

Im zweiten Teil gibt Kiel einen Einblick u.a. in das Wirken der »IlÓibonok«, in ihre Prophetie-Fähigkeiten und in ihre finanziellen und familiären Gegebenheiten, sowie das stete Problem des Alkoholismus, welches »a natural consequence of a diviner's profession« (80) sei. Die Erkenntnisse sind stets basierend auf den Ergebnissen der einzelnen Fallstudien. Dieses Kapitel mündet in der zentralen Frage, warum überhaupt »IlÓibonok« oder auch ihre Familienmitglieder zum Christentum konvertieren und sich taufen lassen. Hier macht Kiel ganz unterschiedliche Konversionsmotive fest: Ein »diviner« wurde als Kind bereits getauft, ein anderer war durch das Liedgut und die Musik der Christen fasziniert, ein anderer durch die Botschaft der Wiederauferstehung und ein weiterer eher durch die evangelistische Predigt eines Pfarrers. Insgesamt analysiert Kiel, dass meist eine Bescheidenheit und Zurückhaltung bei den »IlÓibonok« zu verzeichnen war, sobald sie mit einer »spiritual power superior to their own« (102) konfrontiert waren.

Der dritte und letzte Teil betrachtet in aller Kürze das Zusammenkommen von christlichen Missionaren und »IlÓibonok« und möchte einen Ausblick geben über die Beziehungen beider am Ende des 20. Jahrhunderts. In Gesprächen mit lutherischen Pfarrern wurde Kiel deutlich vermittelt, dass allerdings die Pfarrer/innen nicht die Nachfolger der »IlÓibonok« seien (134), da sie zum einen regelmäßige sonntägliche Riten, sprich Gottesdienste abhielten, was bei den »IlÓibonok« nicht der Fall sei, und sie andererseits keinesfalls mit magischen und okkulten Dingen in Verbindung gebracht werden wollen.

Insgesamt gibt die 146-seitige Abhandlung, die in der Reihe der VEM-Archiv- und Museumsstiftung erschienen ist, einen ertragreichen Überblick über ein traditionales Element tansanischer Kultur- und Religionsgeschichte, welches »vom Aussterben bedroht ist«. Hier liegt der Schatz dieser kleinen Studie verborgen, dass solche Fallbeispiele für anthropologisch, ethnologisch und religions- wie missionswissenschaftlich interessierte Personen nicht mehr lange anzutreffen sind. Zudem sammelt Kiel in ihren bibliographischen Angaben die maßgebenden Publikationen zum Thema. Für fachlich Interessierte durchaus eine hilfreiche Lektüre.

Benjamin Simon

Kai Merten, **Trommel am Tana – Die indigene Religion der Pokomo in Kenia.** Eine Rekonstruktion anhand von Aufzeichnungen Neukirchener Missionare (=Religionswissenschaft, Forschung und Wissenschaft Bd. 13), Berlin: Lit-Verlag 2015., 292 S., EUR 34,90

In der vorliegenden Studie des Marburger Privatdozenten für Religionsgeschichte Kai Merten wird anhand von Aufzeichnungen Neukirchener Missionare die indigene Religion der afrikanischen Ethnie der Pokomo rekonstruiert. Bedenkt man, dass die ursprüngliche Religiosität der Pokomo einer längst vergessenen Zeit angehört, die der religionswissenschaftlichen Forschung bisher kaum zugänglich war, dann ist der Wert dieser Studie enorm. Die Rekonstruktion einer vergangenen indigenen Religion, die sich lediglich auf Quellen von Missionsberichten stützt, ist ein historisch und religionswissenschaftlich heikles Unternehmen. Es stellt sich die Frage, ob als Ergebnis nicht Vorstellungen zutage treten, die massiv von der christlichen Perspektive der Missionsberichte verzerrt sind. Doch dessen ist sich Merten natürlich bewusst. Er weiß, dass die Verfasser der Neukirchener Missionsberichte keine Religionswissenschaftler oder Ethnologen, sondern ursprünglich meist Handwerker und Bauern waren, die die indigene Religion der Pokomo mit ihren christlicheuropäisch geprägten Vorstellungen beobachteten oder erfragten. Eigentlich könnte man vermuten, dass in der Weltsicht dieser Missionare die fremden religiösen Verhaltensweisen, wie ekstatische Tänze, laute Trommelwirbel und archaisch anmutende Riten, Vorstellungen vom finsteren Heidentum hervorgerufen hätten. Überraschenderweise war es aber nicht so. In den älteren Missionsberichten findet man wertvolles Wissen über die ursprüngliche Religion der Pokomo. Sie sind weitgehend darstellend und wenig wertend. Deswegen hält Merten eine Rekonstruktion für möglich.

Mertens Studie ist in fünf Hauptkapitel gegliedert. Im ersten Kapitel führt er in die Quellenlage und Methodik ein. Dabei geht er methodisch so vor, dass er die aus den Missionsberichten gewonnenen Erkenntnisse einerseits mit den Berichten des Forschungsreisenden Gustav Adolf Fischer und mit späteren literarischen Quellen, andererseits mit dem Forschungsstand der Religionswissenschaft vergleicht. In Kapitel zwei gibt Merten einen allgemeinen ethnologischen Überblick zu der zahlenmäßig kleinen Ethnie der Pokomo, die im Osten Kenias am Fluss Tana heimisch sind. Interessant dabei ist, dass dieses Gebiet für kurze Zeit unter deutscher Kolonialherrschaft stand. Dies wird in Kapitel drei ausführlich beschrieben. In Kapitel vier legt Merten den Fokus auf die Neukirchener Mission mit ihrer besonderen Prägung als Glaubensmission. Diesem Umstand misst Merten große Bedeutung bei. So schlage sich die besondere Ausprägung dieser Frömmigkeit nachweislich in der Darstellungsform der frühen Missionare nieder. Sie vermieden wertende Urteile über die Pokomo gänzlich, und gerade dies mache die

Quellen so wertvoll. Im fünften, eigentlichen Hauptkapitel beschreibt Merten die ursprüngliche Religion der Pokomo anhand folgender Themen: Geheimbünde, Ahnen- und Geistervorstellungen, Gottesvorstellungen, Gebete, Magie und Zauberei, religiös gedeutete Gegenstände, religiös gedeutete Orte, Übergangsriten, Schöpfungsmythen, Feste und Jahreskreis. Dabei entsteht ein veritables Bild der ursprünglich gelebten Religiosität der Pokomo, das der Religionswissenschaft viele neue und interessante Einsichten vermitteln dürfte. Mit einer Zusammenfassung, einem Literaturverzeichnis und zwei Karten zur geographischen Einordnung des Pokomogebietes schließt diese Studie ab.

Die Rekonstruktion der Religion der Pokomo ist Merten in seiner Studie gelungen. Natürlich – so Merten – seien die gewonnenen Erkenntnisse in mehrfacher Hinsicht beschränkt. So könne man davon ausgehen, dass den Missionaren nicht alles mitgeteilt wurde. Auch werde den Missionaren manches in ihrem europäischen Deutungshorizont trotz ihres ehrlichen Interesses verschlossen geblieben sein. Zudem – so Merten – beschränken sich die Ergebnisse räumlich auf die Buu, einer Untergruppe der Pokomo, und auf den Ort Ngao, zeitlich auf die Jahre 1887 bis 1914. Darüber hinausgehende Aussagen über die Religion der Pokomo hätten einen hohen Grad von Zuverlässigkeit, seien jedoch nicht gesichert.

Jedenfalls ist es das Verdienst von Merten, mit seiner Studie den neuerlichen Erweis erbracht zu haben, dass manche wertvollen Quellen in den Archiven der Missionsgesellschaften schlummern. Möglicherweise ist dort noch viel mehr Material zu finden, welches lohnt, von der wissenschaftlichen Forschung ausgewertet zu werden.

Elmar Spohn

Klaus Nürnberger, **Faith in Christ Today.** An Invitation to Systematic Theology. Vol. I: Life in the presence of God. 454 Seiten; Vol. II: Involved in God's project Pietermaritzburg: Cluster Publications, S.A. 2016, 580 S., je 28,27 $

Klaus Nürnberger, Farmerssohn aus Namibia, studierte Landwirtschaft und hat ursprünglich als Wirtschaftswissenschaftler im Bantuministerium gearbeitet, in dem es um die Entwicklung der sog. Heimatländer ging. Nicht aus Glaubensgründen, sondern aufgrund sorgfältiger Studien der Zahlen der den Afrikanern zugedachten Länder war er zu der Überzeugung gekommen, dass die Entwicklung der sogenannten »Heimatländer« immer in einem niedrigen Entwicklungsstatus festgehalten werde. Der kapitalistischen Wirtschaft und ihren Auswirkungen widmete er sich auch später in verschiedenen Veröffentlichungen (u.a. Prosperity, Poverty and Polution, 1999) , nun allerdings im Rahmen christlicher Ethik. Denn er kündigte seine Stellung im Ministerium, studierte Theologie, promovierte bei Karl-Heinz Ratschow in Marburg und wurde Missionar im nördlichen Südafrika. Als Dozent und Professor für Systematische Theologie an verschiedenen Universitäten wurde er zum federführenden Systematiker in Südafrika.

Nicht nur die Fachwissenschaftler sind in seinen Publikationen Gesprächspartner, sondern er ist auch leidenschaftlicher Pädagoge in einem von Rassenspannungen geprägten Land. So richtet sich die Einführung (er nennt sie eine »Einladung«) in die Systematische Theologie vor allem an Laien und Studienanfänger, um sie in den Grundfragen des christlichen Glaubens und der Systematischen Theologie heimisch zu machen.

Die klassischen Themen: Wort Gottes, Kirche, Gott, Christologie, die Lehre vom Heiligen Geist, Trinität u.a. werden behandelt, und zwar so, dass immer anfänglich Fragen zum Verständnis und Vorverständnis gestellt werden. Nürnberger will die Leser dort abholen, wo sie in ihrem Leben sind, Schwarze und Weiße. Insgesamt gelingt ihm das, auch wenn mir manche Fragen ein wenig wie am Schreibtisch ausgedacht erscheinen.

Soweit so gut, ja sehr gut. Die Frage aber muss beantwortet werden, warum die Bände ein Recht darauf haben, in einer missionswissenschaftlichen Zeitschrift rezensiert zu werden.

Die Antwort wird vor allem im 1. Band gegeben. Der Missionsbegriff bekommt neue Konturen und wird stark ausgeweitet. Nicht erst mit dem sogenannten Missionsbefehl wird Mission gestiftet, auch greift Nürnberger nicht auf die Sendungschristologie des Johannesevangeliums zurück, sondern er bindet den Begriff und die Sache an den Logos, an das Wort Gottes, das Schöpfungs- und Erlösungswort ist, schlechthin. Hier hat die Mission ihr Zuhause, denn das Wort Gottes ist als »creative« und »redemptive« Wort (so seine vielfach wiederkehrenden Begriffe) immer zielgerecht und dynamisch am Werk. Mit der Schöpfung beginnt die Mission des Wortes Gottes: Es ist aktiv in der Emergenz neuer komplexer Strukturen in der Natur und den Gesellschaften. Es entwickelt seine Kraft trotz aller zerstörerischen Kräfte des Menschen, indem es nie aufhört das zu tun, wozu es gesandt wird, zur Erlösung des Menschen und zur Schöpfung. Die Psalmen verweisen ja vielfach auf diese Sendung des Wortes in die Natur. Davon macht Nürnberger jedoch kaum Gebrauch.

»God calls the social and the natural world into existence, grants them space to develop into what God intended them to be, and challenges them to realise their potential« (I, 53). In Christus findet die Sendung des Wortes ihre leibliche Gestalt und macht ihre ursprüngliche Intention sichtbar und greifbar. Kosmisch umfassend ist dieses Wort, aber es will auch den Einzelnen heilen. Wer aber dieses Privileg der Heilung erfährt, ist nun auch privilegiert »to become instruments through which the Word reaches the rest of mankind in all stages of history, in all geographical regions, in all aspects of reality«. (I, 200). Das heißt, dass das Wort in die Sphäre der Philosophie ebenso eindringt wie in die der Religionen, wobei es dazu neigt »to acquire features of those (ultimate) authorities.

Yahwe appeared in the guise of Ba'al … The cross was interpreted in the terms of Jewish sacrificial practices… In Africa, the Holy Spirit was understood in terms of ancestral authority. Human beings tend to incorporate the Word into their previous religion rather than allow the Word of God to transform that religion« (I, 201).

Nürnberger schreibt eine Theologie des Wortes Gottes (anders als bei Barth ist die Unterscheidung von Gesetz und Evangelium zentral), keine Missionstheologie. Aber indem er die Mission so umfassend im Schöpfungswort verankert, eröffnet er neue Dimensionen missionarischen Lebens und Einsatzes. Eine ganze Reihe der in der Missionswissenschaft viel diskutierten Probleme (wie das der Inkulturation, der Beurteilung der anderen Religionen u.a.) erfahren mit diesem Ansatz eine neue Basis zur Diskussion und eine Offenheit für die Begegnung mit anderen Religionen, ohne dass auch nur ein Zentimeter von der Zentralität Christi abgewichen wird. Niemals wird die »Intentionality« der Schöpfung, ihre Vollendung und Erlösung unter dem einen Haupt Christus aus dem Auge gelassen. Es lohnt sich, das Werk gerade auch auf die kleinen missionarischen Nebenauslassungen durchzustöbern, es sind missionstheologische Diamanten.

Nürnberger schreibt ein einfaches Englisch. Man kann sein Buch nur wärmstens empfehlen, nicht nur zur Einübung in die Dogmatik, sondern eben auch um eine neue Basis für die Missionstheologie zu gewinnen.
Theo Sundermeier

Wolfgang Apelt, Kurze Geschichte der Vereinigten Evangelischen Mission, Rüdiger Köppe Verlag 2008, 143 Seiten

Hans-Martin Barth, Das Vaterunser – Inspiration zwischen Religionen und säkularer Welt, Gütersloh 2016, 222 Seiten

Uwe Heimowski, Die Heilsarmee. Practical Religion – gelebter Glaube, Neufeld Verlag, 2006, 220 Seiten

Peter King Hung Lee / Karl-Hermann Mühlhaus, Profiles in Asian Theology, Vol. I: India, Lutheran Theological Seminary Hong Kong 2015, 433 Seiten

Stefan Leder (Hg.), Schrift – Offenbarung – Dogma – im christlich-muslimischen Dialog, Verlag Friedrich Pustet 2016, 262 Seiten

Due-Vinh Nguyen SVD, »Führe dein Leben, dass du den Kindern Tugenden hinterlässt!« Seelsorge unter Vietnamesen in Ostdeutschland und Osteuropa aus pastoralpsychologischer Perspektive, Steyler Verlag 2009, 374 Seiten

Darius J. Piwowarczyk, Coming out of the »Iron Cage«: The Indigenists of the Society of the Divine Word in Paraguay, 1910-2000, Academic Press Fribourg, 2008, 368 Seiten

Klaus von Stosch/Aaron Langenfeld (Hg.), Streitfall Erlösung, Verlag Ferdinand Schöningh 2015, 285 Seiten

Sabine Dedenbach-Salazar Sáenz (ed.), La transmisión de conceptos cristianos a las lenguas amerindias: Estudios sobre textos y contextos de la época colonial, Academia Verlag 2016, 314 Seiten

Julia Thiesbonenkamp-Maag, »Wie eine Quelle in der Wüste«. Fürsorge und Selbstsorge bei der philippinisch-charismatischen Gruppe El Shaddai in Frankfurt, Reimer 2014, 285 Seiten

Thomas R. Yoder Neufeld, Christus ist unser Friede. Die Kirche und ihr Ruf zu Wehrlosigkeit und Widerstand, Neufeld Verlag 2007, 93 Seiten

Andrea Zielinski/Erhard Kamphausen, Purity and Anger – Reinheit und Wut. Ethnisierung von Religionen in fundamentalistischen Gemeinschaften – Ethnicizing Religions in fundamentalist communities, LIT 2013, 244 Seiten

(Diese Bücher können zur Rezension oder zum eigenen Bedarf vom Hauptschriftleiter Ulrich Dehn angefordert werden, mit Kenntnisgabe an Klaus Hock. Ausdrücklich weise ich darauf hin, dass diese Liste nicht zur Werbung für Bücher gedacht ist. Im Regelfall sollen Bücher nicht unaufgefordert zugesandt werden. Bitte stellen Sie uns ggfs. die Angaben über neu erschienene Bücher zur Verfügung, damit wir über eine Besprechung entscheiden und dann ein Rezensionsexemplar anfordern.)

Berufungen und Ehrungen

Die Erlanger Islamwissenschaftlerin **Berenike Metzler**, Mitarbeiterin am Lehrstuhl für Orientalische Philologie und Islamwissenschaft an der Friedrich-Alexander-Universität (FAU), ist für ihre Dissertation unter dem Titel »Den Koran verstehen. Das Kitab Fahm al-Qur'an des Harit b. Asad al-Muhasibi« mit dem Max-Weber-Preis der Bayerischen Akademie der Wissenschaften ausgezeichnet worden. Der Preis ist mit 4.000 Euro dotiert und wird für besondere Leistungen in den Geisteswissenschaften vergeben.

Pfrn. Dr. **Almut Nothnagle** (58), bisher Referentin für Nahost beim Berliner Missionswerk und Geschäftsführerin des Jerusalemvereins, ist zur neuen Referentin für Afrika und den Mittleren Osten beim Evangelischen Missionswerk in Deutschland berufen worden. Sie folgt damit Dr. Owe Boersma nach, der als Beauftragter für das Programm EAPPI zum Ökumenischen Rat der Kirchen nach Genf gewechselt ist.

Pastor **Reiner Rohloff** (53) ist seit dem 1. Dezember 2016 der neue Beauftragte der Reformierten Kirche für das christlich-muslimische Gespräch. Er kündigte Kooperationen mit den Universitäten Osnabrück und Münster sowie anderen Bildungseinrichtungen an, in denen islamische Religionspäda-gogen ausgebildet werden. Sein Vorgänger Ahlerich Ostendorp (65) ist in den Ruhestand getreten.

PD Dr. **Verena Grüter** (55) ist im Rahmen der Sitzung des Verwaltungsrats der *Deutschen Gesellschaft für Missionswissenschaft* im Oktober 2016 zur neuen stellvertretenden Vorsitzenden gewählt worden. Sie folgt damit Klaus Schäfer nach, der dieses Amt 11 Jahre lang versehen hat.

Pfr. **Johannes Luithle** (48) ist zum neuen Direktor der Liebenzeller Mission gewählt worden. Er folgt damit Detlef Krause nach, der Ende des Jahres in den Ruhestand tritt. Luithle hat in Stuttgart, Tübingen und Jerusalem Theologie studiert und ist derzeit Gemeindepfarrer in Schömberg, Oberlengenhardt und Langenbrand.

Neue Promotionen und Habilitationen

Hoffmann, Claudia (Theologische Fakultät der Universität Basel): »Fremdbegegnung: Das Totenritual Tiwah und die Basler Mission in kontakttheologischer Perspektive«

Geburtstage

85 Jahre: am 13.5.2017 Dr. Winfried Glüer, ehemaliger Ostasienreferent der Evangelischen Mission in Solidarität

(EMS) und Dozent an christlichen Hochschulen in Hong Kong und Malaysia

85 Jahre: am 9.6.2017 Prof. Dr. Reinhold Wagner, ehemaliger Honorarprofessor für Religionswissenschaft an der Pädagogischen Hochschule Schwäbisch Gmünd

75 Jahre: am 9.5.2017 Dr. Lothar Engel, ehemaliger Referent für Afrika im Evangelischen Missionswerk in Deutschland

75 Jahre: am 13.5.2017 Pfr. i.R. Dr. Theo Wettach, ehemaliger christlicher Vorsitzender der Arbeitsgemeinschaft für Christlich-Islamische Begegnung

75 Jahre: am 15.5.2017 Prof. em. Dr. Vigo Mortensen, von 1999 bis zu seiner Emeritierung Professor für Systematische Theologie und Leiter des Zentrums für Multireligiöse Studien an der Universität Aarhus/Dänemark

Todesnachrichten

Der Bremer evangelische Theologe und Togo-Experte **Erich Viering** ist am 3. Oktober 2016 im Alter von 87 Jahren gestorben. Viering war von 1960 bis 1968 Pastor der Evangelischen Kirche von Togo. In den Jahren nach 1960 revolutionierte Viering die Arbeit der Norddeutschen Mission: Nach seinem Konzept einer »Equipen-Arbeit« reiste er mit einer Gruppe von Evangelisten, Krankenpflegern und -schwestern, Lehrern, Kirchenältesten und Gemeindemitgliedern über das Land und verband Predigt, Katechese, Bildung, Entwicklung und Diakonie. In acht Jahren entstanden so im Osten Togos 90 Gemeinden mit mehr als 7000 Mitgliedern. Der aus Wuppertal stammende Ökumene-Experte Viering war nach seinem Studium Referent beim Deutschen Evangelischen Missionsrat (DEMR) in Hamburg und Redakteur der Missionszeitschrift »Wort in der Welt« – heute »EineWelt«. Von 1969 bis 1992 war er Pastor in der evangelischen Kirchengemeinde St. Magni. Er arbeitete aber weiterhin für die Mission, so etwa im Vorstand und in der Hauptversammlung der Norddeutschen Mission und als Kuratoriumsvorsitzender der Deutschen Evangelischen Missionshilfe (DEMH).

Am 11.1.2017 ist Prof. Dr. **Günther Gassmann** im Alter von 85 Jahren verstorben. Gassmann, geboren 1931 in Thüringen, studierte Theologie in Heidelberg und promovierte dort bei Edmund Schlink. Von 1969 bis 1976 hatte er eine Forschungsprofessur am Ökumenischen Institut des Lutherischen Weltbundes in Straßburg inne. Dann wirkte er als Präsident des Amtes der *Vereinten Evangelisch-Lutherischen Kirche in Deutschland* und stellvertretender Direktor der Studienabteilung des Lutherischen Weltbundes. Der Ökumenische Rat der Kirchen ernannte ihn 1984 zum Direktor der Kommission für Glaube und Kirchenverfassung, die er bis 1994 leitete. Gassmanns Interesse galt vor allem den Beziehungen der Protestantischen Kirchen zur Römisch-katholischen und zur Anglikanischen Kirche. Seine ekklesiologischen Reflexionen fanden Eingang in das ÖRK-Dokument *Towards a Common Vision.*

Der brasilianische Kardinal **Paulo Evaristo Arns** ist am 14.12.2016 im Alter von 95 Jahren einer Lungenentzündung erlegen. Arns kam 1921 als Sohn deutschstämmiger Einwanderer im Süden Brasiliens zur Welt. Er studierte Theologie und Philosophie und trat 1939 dem Franziskaner-Orden bei. 1970 wurde er zum Erzbischof der Metropole São Paulo berufen und 1973 zum Kardinal erhoben. Er war auch als Journalist, Professor und Schriftsteller tätig und veröffentlichte insgesamt 57 Bücher. Als unermüdlicher Kämpfer für die Menschenrechte wurde er besonders während der Militärdiktatur (1964–1985) weit über die Landesgrenzen hinaus bekannt. Arns unterstützte Befreiungstheologen wie Leonardo Boff, kritisierte Großgrundbesitzer und sprach sich für die Priesterweihe von Frauen aus. Als Papst Johannes Paul II. 1989 das Erzbistum São Paulo aufteilte, wurde dies allgemein als Reglementierung für Arns gewertet.

Sonstiges

Die *Westfälische Wilhelms-Universität Münster* plant einen religionsübergreifenden Campus: Bis 2022 sollen in dem weltweit einmaligen Projekt die Evangelisch-Theologische, die Katholisch-Theologische und die noch zu gründende Islamisch-Theologische Fakultät auf einen gemeinsamen Campus ziehen. Auch eine gemeinsame Bibliothek sowie ein gemeinsamer Gebetsraum sind geplant.

Die *Georg-August-Universität Göttingen* bietet ab dem Sommersemester 2017 mit dem Zertifikatsprogramm »Ecumenical and Interreligious Encounters in Non-Homogeneous Environments (EIRENE)« einen neuen Studiengang an. Das Programm fördert im Sinne des Schlüsselkompetenzkonzepts der Universität Göttingen die berufliche Handlungsfähigkeit der Studierenden, insbesondere im Bereich der interreligiösen und interkulturellen Kompetenz, und richtet sich an alle Studierenden der Universität. Mehr dazu unter: http://www.uni-goettingen.de/de/56888.html

Die Zeitschrift *Studies in Interreligious Dialogue* der Praktischen Religionswissenschaft erscheint seit Beginn des Jahres 2017 mit dem Untertitel *Journal of Practical Science of Religion* und wird von einem neuen Herausgeberkreis betreut, bestehend aus Prof. Dr. Frans Wijsen, Dr. David Cheetham und Prof. em. Dr. Udo Tworuschka.

Die stellvertretende Generalsekretärin des Ökumenischen Rates der Kirchen, Prof. Dr. *Isabel Phiri,* wurde im Dezember 2016 im Zusammenhang einer Delegationsreise des ÖRK nach Israel an der Einreise gehindert. Sie wurde am Flughafen von Tel Aviv festgehalten und auf der Grundlage einen Beschluss des Innenministers Arie Deri sowie des Ministers für öffentliche Sicherheit, Gilad Erdan zur Ausreise gezwungen. Als Grund dafür wurde die Beteiligung des ÖRK an der Initiative *Boycott, Divestment and Sanctions* (BDS) genannt. Derzeit ist zum Abweisen von ausländischen BDS-Aktivisten ein Gesetz in Arbeit. Anfang November hat der Innenausschuss der Knesset in erster Lesung einen Gesetzesvorschlag bewilligt, in dem es darum geht, Einzelpersonen, die zum Boykott von Israel aufrufen, die Einreise nach Israel zu verweigern.

Der US-amerikanische Theologe und Aktivist Jim Wallis hat in einem Zehn-Punkte-Plan zum Widerstand gegen Rassismus, Fremdenfeindlichkeit und Sexismus aufgerufen. Wallis ist Gründer des evangelikalen Verbands »Sojourners«, Aktivist für soziale Gerechtigkeit und arbeitet in einem Gremium zu globalen Werten des Weltwirtschaftsforums. In dem Text wendet sich der Evangelikale auch gegen den designierten US-Präsidenten Donald Trump. Für Ziele wie Gerechtigkeit, faire Arbeitsbedingungen und Umweltschutz müsse man »in Würde, diszipliniert und gewaltlos« kämpfen.

Die in Berlin erscheinende *tageszeitung* (taz) hat als Reaktion auf die Eingriffe in die Pressefreiheit in der Türkei ein deutsch-türkisches Internetportal eingerichtet. Die »taz.gazete« soll sich mit Berichten, Kommentaren, Essays und Interviews an Leser sowohl in der Türkei als auch in Deutschland richten: https://www.gazete.taz.de/

Termine

An der Philosophisch-Theologischen Hochschule Sankt Georgen findet vom 29. bis 31. März 2017 eine Tagung zum Thema »Postkolonialismus und Missionstheologie. Ansätze – Herausforderungen – Perspektiven« statt. Weitere Informationen unter: http://iwm.sankt-georgen.de/tagungen/jahrestagungen/jahrestagung-2017/

Die *Internationale Messe für Fair trade und global verantwortungsvolles Handeln Fair Handeln* findet vom 20. bis 23. April 2017 in Stuttgart statt. Nähere Informationen: http://www.messe-stuttgart.de/fairhandeln/.

Das *Centrum für Religionswissenschaftliche Studien* der Ruhr-Universität Bochum führt vom 23. bis 24. Mai 2017 einen Workshop durch zum Thema »Arabic and Islam on the Move: Cross-cultural Encounters between Arabia and Malabar«. Weitere Workshops finden vom 1. bis 2. Juni zum Thema »Formative Exchanges between Late Antique Rome and the Sasanide Empire: Zoroastrians, Manichaeans, and Christians in Religious Contacts« sowie am 7. und 8. Juni zum Thema: »Subtle Subversions: Resisting Colonialism through Religion. The impact of the Colonization Period on the Development on a (sense-related) religious Language.« Weitere Informationen unter http://ceres.rub.de/en/events/?year=2017&month=6.

Am 25. Mai 2017 findet in Stuttgart die *Konferenz für Weltmission* statt. Näheres dazu finden Sie hier: https://www.gottes-liebe-weltweit.de/aktuelles/termine/do/page/3.

Das *European Network of Buddhist and Christian Studies* lädt ein zur Konferenz unter dem Thema »Meditation in Buddhist-Christian Encounter: A Critical Analysis« vom 29. Juni bis 3. Juli 2017 nach Monserrat bei Barcelona. Nähere Informationen unter: http://www.buddhist-christian-studies-europe.net/?page_id=197

(Zusammengestellt am Lehrstuhl für Missionstheologie und Religionswissenschaft der Augustana-Hochschule von PD Dr. Verena Grüter, Waldstraße 11, D-91564 Neuendettelsau. Bitte senden Sie Informationen und Hinweise an verena.grueter@augustana.de)

■ Schriftleitung und Herausgeber

Prof. Dr. Ulrich Dehn (Chefredakteur)
FB Evangelische Theologie der Universität Hamburg, Sedanstr. 19, D-20146 Hamburg,
ulrich.dehn@uni-hamburg.de

PD Dr. Verena Grüter (Informationen und Termine) Augustana-Hochschule, Waldstr. 11,
D-91564 Neuendettelsau, verena.grueter@augustana.de

Prof. Dr. Andreas Heuser (Forum Junge Forschung) Theologische Fakultät der Universität Basel,
Nadelberg 10, CH-4051 Basel, andreas.heuser@unibas.ch

Prof. Dr. Klaus Hock (Rezensionen) Theologische Fakultät der Universität Rostock,
D-18051 Rostock, klaus.hock@uni-rostock.de

Dr. Katrin Kusmierz (Berichte und Dokumentationen) Theologische Fakultät der Universität Bern,
Länggassstr. 51, CH-3012 Bern, katrin.kusmierz@theol.unibe.ch

Prof. Dr. Heike Walz (Rezensionen) Augustana-Hochschule, Waldstr. 11,
D-91564 Neuendettelsau, heike.walz@augustana.de

Deutscher Vorsitzender des Herausgeberkreises:
Prof. Dr. Henning Wrogemann, Kirchliche Hochschule Wuppertal/Bethel, Missionsstr. 9a/b,
D-42285 Wuppertal, henning.wrogemann@kiho-wuppertal-bethel.de

■ Verfasser_innen und Renzensent_innen

Dr. Bianca Dümling, CVJM-Hochschule, Hugo-Preuß-Str. 40, D-34131 Kassel,
duemling@cvjm-hochschule.de

Dr. Richard S. Harvey, All Nations College, Easneye, Ware, Hertfordshire, SG12 8LX,
Großbritannien, r.harvey@allnations.ac.uk

Dr. des. Claudia Hoffmann, Theologische Fakultät der Universität Basel, Nadelberg 10,
CH-4051 Basel, claudia.hoffmann@unibas.ch

Prof. Dr. Daniel Jeyaraj, Director of Andrew Walls Centre for the Study of African and Asian
Christianity, Liverpool Hope University, Liverpool, L16 9JD, Großbritannien, jeyarad@hope.ac.uk

Prof. Dr. Gudrun Löwner, Lindenstr. 15 b, D-44869 Bochum, g.loewner@hotmail.de

Dr. Christine Schliesser, Ethik-Zentrum Universität Zürich, Zollikerstrasse 117, CH-8008 Zürich,
christine.schliesser@sozethik.uzh.ch

Prof. Dr. Dr. Bertram Schmitz, Theologische Fakultät, Fürstengraben 6, D-07743 Jena,
bertram.schmitz@uni-jena.de

Prof. Dr. Benjamin Simon, Ecumenical Institute Bossey, Chemin Chenevière 2,
CH-1298 Bogis-Bossey, Schweiz, benjamin.simon@wcc-coe.org

Dr. Elmar Spohn, Akademie für Weltmission, Hindenburgstr. 36, D-70825 Korntal-Münchingen,
espohn@awm-korntal.eu

Prof. Dr. Theo Sundermeier, Allmendrain 10, D-69251 Gaiberg, t.sundermeier@t-online.de

PD Dr. Renate Syed, Ludwig-Maximilians-Universität München, Institut für Indologie und
Tibetologie, Ludwigstr. 31, D-80539 München, syed@lrz.uni-muenchen.de

Dagmar Doko Waskönig, Dorfstr. 10, D-30 519 Hannover, waskoenigdd@web.de